刘小晴近影（罗英 摄）

刘小晴对照拓本字帖讲授书法理论

刘小晴是最受学员欢迎的书法教师

近年，刘小晴多次赴云南红河州帮困助学，给孩子们讲学，勉励他们成长成才

2014 年，上海书画出版社再度出版刘小晴著作《图说书法技法》

刘小晴所著《书法创作十讲》被多次编印，有多个版本

刘小晴楷书作品《岳阳楼记》

伉俪情深

游历河山常常让刘小晴获得人生感悟

2015 年 12 月，在"刘小晴楷书展"上

艺海一瓢书家范

刘小晴

海上谈艺录

倪里勋 著

上海市文学艺术界联合会 编

上海世纪出版集团
上海文化出版社

图书在版编目(CIP)数据

艺海一瓢书家范：刘小晴/倪里勋著.—上海：
上海文化出版社,2021.3
（海上谈艺录）
ISBN 978-7-5535-1996-8

Ⅰ.①艺… Ⅱ.①倪… Ⅲ.①刘小晴-传记 Ⅳ.
①K825.72

中国版本图书馆 CIP 数据核字(2021)第 024020 号

出 版 人：姜逸青
责任编辑：黄慧鸣　张　彦
封面设计：王　伟

策　　　划：上海市文学艺术界联合会　上海世纪出版集团
统　　　筹：胡凌虹　陈志强
特约编审：司徒伟智　徐甡民
编　　　务：毛怡芳

丛 书 名：海上谈艺录
主　　编：上海市文学艺术界联合会　上海文学艺术院
书　　名：艺海一瓢书家范·刘小晴
作　　者：倪里勋
出　　版：上海世纪出版集团　上海文化出版社
地　　址：上海市绍兴路7号　200020
发　　行：上海文艺出版社发行中心
　　　　　上海市绍兴路50号　200020　www.ewen.co
印　　刷：苏州市越洋印刷有限公司
开　　本：787×1092　1/16
印　　张：10.5　　彩插：2
版　　次：2021年3月第一版　2021年3月第一次印刷
书　　号：ISBN 978-7-5535-1996-8/K·224
定　　价：48.00元
告 读 者：如发现本书有质量问题请与印刷厂质量科联系 T：0512-68180628

目　　录

艺术访谈

附　录

艺术评传

第一章

童年和少年

从重庆到苏州,再到上海,辗转流离,严父慈母。冥冥中,生命里是否有他和书画结缘的某种预兆?

出生

1942 年 7 月,山城重庆燠热难耐,长江边朝天门码头边的挑夫们,打着赤膊,阳光下,汗渍的皮肤泛着黝黑的光。这样的天气,只有脚力好的青壮"棒棒",才经得住弯弯的担子的碾压。他们滴着汗,青筋凸起,来来回回蹬攀在层层叠叠的石阶上,不过是挣些糊口的钱。

码头周围照例人来客往,不时有背着包袱、穿着阴丹士林布衫的人从小火轮上下来,"棒棒"们攘着扁担,迎上去:"去沙坪坝吗?""要挑啥子吗?"见了商人官员模样的,便几个人拥过去:"滑竿坐不坐?"

这六月天里,因了战事的不断吃紧,长江、嘉陵江码头、岸边,反倒显得异常忙碌。陆路七绕八弯,又不安全,水路几乎成了沦陷区机构、民众西迁的必选。陪都重庆的人口,突然增加,日用供给和可供办公住宿的场所却十分有限,普通居民的日子过得艰难,逃难而来的众多下江人,流落街头的比比皆是。

离朝天门码头 30 里地的沙磁区沙坪坝,是阴丹士林布衫人最集中的去处,沙坪坝的松林坡是国立中央大学西迁后的新校址。1937 年 7 月抗日战争全面爆发后,当年 11 月始,中央大学随国民政府大部队,陆续搬迁到重庆。刘汉明和丁景清夫妇也随中央大学的教职工一起,裹上简单的行囊,带上教学用的书和有限的生活用品,溯流而上,抵达重庆朝天门码头。夫妇俩几经辗转,在沙坪坝靠近学校附近,租住了一间小屋,临时落了脚。

这些天,刘汉明和丁景清一直在嘀咕一件事:要不要将丁景清肚子里的孩子送人?在中央大学任教前,他们各自都曾有过婚姻。人到中年,战乱流离,能够重新组织家庭,两人都分外珍惜。现在有了共同的果实,可喜可贺。但这寄居他乡的日子捉

艺海一瓢书家范 艺术评传

襟见肘,之前各自婚姻中共育有五个孩子,五个孩子中最小的也已经 10 岁出头了,为了不让孩子们颠沛流离,有一个相对安稳的读书生活环境,除了大儿子,夫妇俩把其他人都留在了家乡,供养接济照常。再加上双方父母也需要奉养,因此,教书所余,早已所剩无几。这紧巴巴常常揭不开锅的日子,哪里还能再生养孩子? 最要紧的是,兵荒马乱的,不知哪里是个头。

临盆的日子渐渐近了,刘汉明和丁景清已经物色好了人家,准备孩子一出生就送走。这一天,夫妇俩决定将此事和大儿子、已经是半大小伙子的刘明义说明。

"明义,爸爸妈妈和你说一件事。"妈妈先开口,刘汉明正襟危坐。

"啥?"

"妈妈很快要生产了。"

"这我知道。"已经十五六岁的刘明义一直很懂事,妈妈为了他们兄弟三人的生计,离开苏州,在外闯荡。他是长兄,长兄为大,他要多为父母承担一些家庭事务。

"妈妈想把这个弟弟或者妹妹送人。"丁景清小心翼翼,挑选合适的表达方式。

"啥?"刘明义瞪大了眼睛。

"这是我和你妈妈共同的决定。"见刘明义惊讶,刘汉明马上补充。

"不行。我不同意。为什么要送人? 我的弟弟或妹妹,我要把他留下! 不行我来带! 路边的叫花子,你们看到了不还要给他口饭吗?"刘明义眼里噙着泪,一连串丢下了这些话。

刘汉明夫妇面面相觑,他们没有想到大儿子如此坚决。一时间,夫妻俩哑口。想一想,孩子说得有道理:日子尽管拮据,但骨肉连心。本来就万般不舍,举棋不定,现在,他们为自己的决定暗自脸红。

7 月底的又一个雾气氤氲的闷热天气,中央大学柏溪校区教师宿舍楼的一间小屋内一阵热闹。刘汉明,这位已经 40 岁的中年男子,手忙脚乱,掩不住内心的欢喜,将 41 岁的妻子和刚刚降生几天的儿子从医院接了回来。儿子的到来,给家里添了几分热闹,也让刘家夫妇俩暂时忘却了时局带给人的阴沉压抑感。

刘、小、晴。刘汉明在简易的木板书桌上铺开宣纸,仔细写下了三个正楷字。这是他给这个刚刚降生的儿子取的名字。这几日,他吟诵的古诗中,反复出现陆游的这一首:

> 不管篰枝破绿苔,闲穿万竹上荒台。
>
> 幽花经雨自开落,啼鸟喜晴时去来。
>
> 河岸家家装彩舫,儿曹处处唱青梅。
>
> 谁知老子痴顽甚,看改新元十一回。

这位饱读诗书的中年男人,出生于江苏省崇明县(现为上海市崇明区)合作乡猛将庙镇。先私塾,后就读崇明三乐中学,高中毕业后,考上了位于南京的国立中央大学,在教育学院就读体育理论学,民国二十六年(1937年)毕业,旋留校从事田径运动的教学和研究,是我国现代体育科学理论的奠基者和现代体育教育的开拓者之一。尽管从事体育理论工作,但刘汉明国文底子非常了得,不仅能文能诗,还写得一手好字。战乱中匆忙西迁,仍不忘在行囊中带上碑帖古籍,授业之余,还保持着天天吟咏古诗文的习惯,于日机隆隆的轰炸间隙,磨墨展卷,赋诗临帖。

刘汉明不仅喜欢陆放翁的诗词,欣赏他行草的飘逸潇洒、楷书的秀润挺拔,更敬佩诗人的家国情怀和豪情挚意。这首《春晴登小台》中的意象意境,在如此时局下,正符合这位人到中年的父亲心中勾勒的生活图景。希望这个儿子的降临,能驱散阴霾,迎来生活的一片晴空。

从重庆到苏州

1942年7月,第二次世界大战进入关键阶段,反法西斯同盟形成,国际形势正向有利于盟军的方向发展。然而,国内形势却笼罩着愁云惨雾。中原地区闹着大饥荒,河南饿殍遍野,冀东、冀南、冀中等抗日根据地正经受“大扫荡”的考验。陪都重庆原来尚有的一种虚弱的平静,也不复存在,到处涌动着末日的惶惑和焦躁情绪。

日机的轰炸一日紧过一日,“跑警报”成了一多半中国人的家常便饭。尖利刺耳的警报声和随之而来的轰鸣和巨大的爆炸声,使中央大学师生毫无宁日。还在襁褓中的小晴,被妈妈裹在一个蜡烛包里,包中备上米糊,随时随地准备钻防空洞。

及至三四岁,有了模糊的记忆,小晴迷迷糊糊中有印象,有一次,应该是黄昏时分吧,天很暗,刺耳的警报声再次划破天空。他被妈妈一把抱起,护在怀中。仰着脸的小晴,在妈妈一颠一颠的步履中,看到天空中有几架飞机,其中一架上的“膏药”图案都看得清清楚楚。他又怕又惊,大哭了起来。刚跑到防空洞口,“轰隆隆”,滚雷一样的声音就在四周震开,大概是炸弹扔了下来。妈妈把他抱得更紧了,巨大声响唬得小晴停止了哭泣。

幼年刘小晴

这是幼年小晴对重庆的朦胧印象。

1945年8月,日本无条件投降,抗日战争获得了全面胜利,国立中央大学也迎来

母亲丁景清

了回迁的日子,师生们欢欣鼓舞。与此同时,创办于1941年8月的国立社会教育学院也计划从四川省璧山县迁往南京栖霞山。然而,因为经费紧张,到1946年年初,计划中的校舍未全部建成,于是,校长陈礼江决定先借用苏州拙政园的部分房舍办学。9月,部分社会学院的师生到了苏州,准时开学复课。

已是中央大学讲师的丁景清是苏州人,听闻国立社会教育学院迁往苏州,又知办学宗旨是"人生以服务为目的,社会因教育而光明",而颇有好感,正好此时校长陈礼江在招揽人才,延请各方教育专才赴苏州任教,擅长教授体育理论、舞蹈教育的丁景清决定加盟,回家乡任教。

1946年秋,刘汉明托人买到了火车票,打点了不多的行装,一家人挤在连车顶都塞满人的火车车厢里,南下苏州。姑苏城是丁景清的故乡,这里的一草一木,每一条小街巷、石板桥,她熟悉得闭着眼睛也能说出来。她家当时住在人民路靠近装驾桥巷的一处小楼里。登阳台远眺,不远处的北寺塔历历在目。

丁景清的父亲是教书先生,母亲是贤淑的江南妇人,家境虽不富裕,但清平之中尚不用整天愁吃穿。父亲喜舞文弄墨,重视人伦纲常,却不为礼教所束缚。具体到女儿丁景清这里,并不因为她是女孩子,就在教育上"短斤缺两"。相反,这位前清秀才,支持女儿读书,教育她做人要自食其力。然而不幸的是,丁景清12岁那年,父亲染疾去世,她不得不借住在姐姐家,靠母亲做手工的微薄收入借钱求学,为了尽快自食其力,她报考了上海爱国女子体育专科学校,专修舞蹈、体操,从此,便和体育结下了难解之缘。

回到家乡,丁景清和丈夫刘汉明商议后,决定拿出仅有的积蓄,在苏州城内找一处民居,安一个属于自己的小窝,安安稳稳教书育子过日子。

于是,苏州城装驾桥巷,再普通不过的一套小宅内,一间卧室,一个小客堂,外加一个小阳台,住进了小晴一家。虽小,但足够安顿一家人的温暖。阳台外有一个荒芜的小院子,成了小晴的"百草园"。

此时的小晴,四五岁的幼童,正用他清澈稚嫩的眼睛打量着世界。在他眼里,显然,苏州比重庆好玩。没有吓人的空袭警报那是当然了,妈妈用软软糯糯的苏州话,和周围邻居打招呼,他觉得特别好听。家里还养了一只小花猫,爸爸妈妈都去上班的时候,小花猫会温顺地伏在小晴身旁,和他做伴。下雨的日子,小晴撸着小花猫柔柔的身体,看烟雨街巷。雨点滴在池塘里,打在石阶上,落到芭蕉叶上,会溅起不同花形的水花,小晴一点儿也不觉得枯燥。有时候,他学隔壁人家的小孩,脚板踏在青石板上，踩凹坑里的水，弄得脚丫痒痒的，然后哈哈大笑。

对一个四五岁的孩子来说，最最中意的，还是散在街巷各处的小零嘴。菱角、栗子、金橘、糕团、蜜饯、糖果……隔几个街口的采芝斋，里面的东西琳琅满目：松子糖、粽子糖、白糖杨梅、奶油话梅、南枣糕……那可真是应有尽有。离家不远处的陆稿荐，酱汁肉也香得让人直流口水。让小晴略感沮丧的是，这些好吃的东西不是常常能吃到，他只在过年，或者家里有客人时，才能尝到。和同年龄的孩子比，他很乖巧，每次路过这些飘着香味的店面，他眼睛盯着橱窗，一边咽口水，一边说："等爸爸有钱了再买。"

童年，和父亲母亲的合影

有一样东西，全家都喜爱，夏秋时节，家里的餐桌上常常能遇见。

苏州地区盛产大闸蟹，20 世纪 40 年代，大闸蟹是江南平民百姓家中普通的菜肴。一到夏天，河浜边、沟塘头、稻田里，螃蟹都会钻洞横行，晚上在院落乘凉，不意间，小蟹就顺着桌椅腿爬上来，农民们于是就抓几个，用稻草穿成一串，早市顺便卖了，换些个喝酒的钱。

这一天，爸爸妈妈上课去了，只有 5 岁的小晴一个人在家，他开始做一件事：他学着爸爸的样子，把碗里红彤彤的大闸蟹的腿一个个拧下，只剩两只螯和身体连着，然后，用筷子小心地捅蟹腿，费了好大劲，嘴巴和手连用，才剥出一小碟蟹腿肉。最后，他还剥开了蟹盖，弄得小手上沾满了蟹肉蟹黄。螃蟹肉真鲜嫩啊，他真想把它们全部咽下肚——但他没有这样做，他要等爸爸妈妈下班回家，他们工作累了，吃上他剥的蟹肉，一定会非常开心！

傍晚,忙碌了一天的刘汉明、丁景清回到家,打开桌上放菜的扣篮准备吃饭,两个大人眼睛都瞪大了:粗瓷碗里,剥开的大闸蟹的腿脚、壳盖、大螯堆了一海碗,蟹肉和蟹黄在小碗里也铺满了。比小台子高不了多少的小晴在一旁表情得意:

"爸爸妈妈,我剥好了蟹肉,给你们吃!"

"呦……哎呀呀……"刘汉明手中斟满的黄酒差点洒了出来,他一把抱起孩子,心中像是陈年的酒坛刚打开,满是醇香。

"戆小囡,大闸蟹要自己剥着吃才香啊。"妈妈在一旁笑着说。这一天,一家人围坐在餐桌旁,吃着 5 岁孩子一小嘴一小嘴"剥"出的蟹肉蟹黄,刘汉明咪下去的老酒,化成了一屋子暖暖的诗句。

这是苏州生活给小晴最初的温馨记忆。

在苏州装驾桥巷居住的岁月里,刘小晴还交到了童年第一个玩伴,那是住在他家隔壁的一个男孩。男孩姓祝,比他略大,也没有到上学的年纪,平时家里大人也不太管他们,他们经常在巷子里窜来窜去,当然并不会走远,只是玩些孩童们的把戏。

给小晴印象深的是小伙伴的父亲。从窗棂望过去,他偶尔能看见这位叔叔在案头画画、写字,小晴感觉神秘又神奇,因为画画写字的叔叔话不多,小晴觉得他很威严,很了不得。他偶尔也看到爸爸和这位叔叔搭话,对着字画唧唧哝哝,但大人说话,他不懂。每次走过他家窗边,他都放轻了脚步,生怕惊扰了叔叔,在他心目中,叔叔的本事真大,他画的竹子,实在美,他做的事情,那么神圣。

多年以后,刘小晴才知道,这位邻居叔叔名祝嘉,是苏州地区著名的书法理论家。也许就在那些不经意的时光里,艺术的种子在幼小的心灵中埋下了。

就在刘小晴一家居住在苏州的日子里,装驾桥巷不算深的巷子里,还住着苏州"吴门画派"的传承人吴待秋、吴养木父子,而小晴家的住房,离装驾桥巷 34 号吴家住的"残粒园"(苏州园林之一,建于清末,以小巧取胜——作者注)不远,那个小巧的园林,也是他幼年的一处乐土。

也许,冥冥中,生命里就有他和书画结缘的某种预兆?

上海学童

1949 年 5 月 12 日,中国人民解放军第三野战军主力横渡长江后,向踞守在上海的国民党军重兵发动了攻坚战,"上海战役"打响。5 月 27 日,国民党守城部队投降,上海解放。回到人民手中的上海,百废待兴,新中国的体育事业,也同样亟需振兴。

创建于 1918 年的上海东亚体育专科学校(简称"东亚体专"),在战乱期间,几经迁徙,从上海流落到贵州、四川等地,办办停停。1949年4月,上海解放前夕,在江湾暂时落脚的师生,又因战事紧迫而被迫疏散,东亚体专最后仅剩29名学生、5名教职工。1950年9月,校董会彻底改组,由中国新民主主义青年团华东区委书记李昌任董事长,黄狮为校长,学校除大规模招生外,还需要吸纳优秀的体育教育专才担纲教学工作。小晴的父母与上海交通大学体育系主任葛瞿康熟识,在他的举荐下,父母双双入职东亚体专,全家迁往上海。

当时,东亚体专校址在上海高安路近肇嘉浜,高安路的尽头是一条臭水浜,即肇嘉浜(1954年后,上海市人民政府治理肇嘉浜河道,经过三年整治,全线填平河道,中间种绿化,拓展为今日的肇嘉浜路——作者注),周围都是农田。对此,小晴很有些不痛快。在苏州,他家院子外就是热闹的人民路,他和小伙伴除了会去"残粒园"游玩外,也会走到人民路的北寺塔玩。苏州城,有看不完的景,玩不完的地方。现在,到了这么个"荒僻"的所在,自然不爽得很。好在,小晴也到了进学堂的年龄,入读附近的高安路一小后,玩伴多了起来。

但很快,他们又搬家了。搬家是因为东亚体专并入了新成立的华东师范大学(简称华师大)体育系。新家位于上海西北部的中山北路,原私立大夏大学所在地(大夏大学是1924年因"学潮"从厦门大学脱离出来的部分师生在上海发起建立的一所综合性私立大学。抗战期间曾西迁贵阳,与复旦大学合并为中国历史上第一所联合大学,光复后迁回上海。1951年10月,在原校址与私立光华大学合并后成立华东师范大学,成为新中国创办的第一所师范大学——作者注)。这里,也是一派田园风光。父母对他的课业并不多过问,和许多男孩子一样,刘小晴对功课并不太上心,只在考试前抱抱"佛脚",混个还算过得去的成绩。他并不调皮捣蛋,话也不多,但是,"小动作"却很有特色——喜欢在课本上乱写乱画。几乎所有的课本留白处,都被他涂满了,这大概算得上他最初的"创作"。

那时,华师大校园周边芳草萋萋,河浜和池塘随处可见,常能见着下河摸鱼或者戴着草帽的钓鱼者。这其中小男孩也不少。小晴精力过剩,也偷偷学会了钓鱼。他学着别人的样子,找来竹竿,用缝衣针自制了鱼钩,穿上线,挖好一堆蚯蚓,便上阵了。有段时间,放学后,他几乎天天去钓鱼,钓不钓得到是其次,他喜欢在安静守候、长久等待后,鱼儿终于咬钩,钓鱼人按捺住激动心情,迅捷提竿的那种愉悦、刺激。

然而,险情却发生了。

那天放学后,他独自一人选了一处小河湾下饵,小汊湾边野草丛生,钓鱼的人不多,这种地方,往往鱼又多又大,鱼儿们喜欢在水草丰茂的湾流嬉戏。看,鱼线往下沉了,鱼竿上感觉有分量了——鱼在咬钩!小晴大气也不敢出,身体向前倾,手上暗暗准备发力,他的注意力全在看不见的水里。

"扑通！""救命！救命——"小晴脚底一滑，落水了！他是个毫无水性的"旱鸭子"，即便是善泳者，落入水草如此密集的区域，也很容易被水草缠住，一命呜呼。小晴的"救命"声刚起，说时迟那时快，不远处的一个大男孩飞奔过来，他迅速向小晴伸出援手，小晴获救了！

小男孩总是好了伤疤忘了痛。这之后没消停几天，小晴心里又痒痒了，他瞒着父母，拿了钓竿，再次去了河边。祸不单行，他再次落水！这一次，没有遇到邻家大男孩，落水的地方河泥淤积，水不算深，他双臂在水中乱舞，万幸碰到了岸上伸向河面的一株长草，他紧紧揪住，终于挣扎着湿淋淋爬上了岸。

两次落水的经历，想想都后怕，小晴不敢告诉父母，怕他们担心。然而，男孩的心里，已下决心要学会游泳了。

这个心愿很快就会实现。因为，1952年，上海圣约翰大学分拆，原来的理科各系、教育系、中文系并入了华东师范大学。华师大部分学科的教师去圣约翰大学的校园内任教，顺理成章，小晴随父母搬到了圣约翰大学的校园内。

这所由美国人创办的著名教会学校各类设施很齐全，校园建筑赏心悦目不说，最让小晴兴奋的，是完备的体育健身场所。那个大大的游泳池最吸引他。正好是暑假，用不着上学，于是，也不用教练，小晴扎进泳池，扑棱了几次后，学会了"狗爬式"，没过多久，就会扎猛子了。于是，游泳又成了他的一项爱好。

鱼已经很少去钓了，他喜欢上了场地运动。最拿手的是游泳和体操，当然还有各种球类运动，篮球、网球、乒乓……不仅如此，他还练上了拳击。

当时，他家楼下住了一位很了得的体育教授——名震拳坛的"南拳王"周士彬。他曾在国际性拳击比赛中，接连击败葡萄牙和白俄罗斯的选手，力挫群雄，赢得冠军。"拳王"阿里也曾和周士彬切磋过技艺，并称他为"中国拳击大师"。他家有七八个孩

刘小晴梵皇渡路第二小学毕业证书

子,男孩居多。男孩们打打闹闹,空了便喜欢练拳弄把式,翻筋斗、练倒立,都不在话下,小晴很是羡慕。和周教授家年龄相仿的第三个儿子交上朋友后,他们一有空,就相约去练功房,小晴真模真样学了几招,他尤其喜欢翻筋斗,大家还比赛谁一口气连翻最多。

运动量在增多,小晴的身高也在往上蹿,四肢修长,日后细细高高的身架子,已经能看出端倪来。他已是梵皇渡路第二小学的一名高年级学生,未来的日子,正向他展开无数可能。

芭蕾、钢琴和古诗

运动是很多男孩的兴趣爱好,当然,这也可以发展成个人的生存技能,以小晴父母的职业优势和他自己先天的身材条件和爱好来看,这不是不可能。

但显然,小晴的父母并不准备让儿子把运动当主业。小晴的父母认为,诗歌、辞赋、体育、艺术,都是个人素养的一种,正因为如此,他们从不阻挠小晴做自己喜欢的事。擅长舞蹈和艺术体操的母亲丁景清,特别希望小晴能更多地接受艺术的熏陶,从小学高年级开始,她便让这个最小的儿子专门学习舞蹈和音乐。

刘小晴有五个哥哥,其中三位与他同母异父,另两位同父异母。这个时候,他们都已经成人,且都学有所成。大哥刘明义在上海乐团工作,已是著名的男高音歌唱家;二哥刘明诚在部队工作;三哥丁明聪毕业于上海音乐学院,是小有名气的大提琴手。另外两个哥哥,在学术上各有建树,其中一位是台湾地区核物理学方面的专家,另一位从事农业科技工作。

为了激发小晴的艺术细胞,丁景清可谓动足了脑筋,只是,这个昔日"虎妈"对儿子的教育,不带任何功利,也非"备战备荒"为孩子升学做准备,她的目的只有一个——营造艺术氛围,提高孩子的艺术修养。

丁景清外表温婉,在邻居和学校老师间,很有人缘,她待人温和亲切、大度谦和,邻居孩子们都喜欢她,大家都亲切地喊她"丁妈妈"。她心肠软,看到叫花子,总要掏口袋,谁家有困难,有人要帮助,总是毫不犹豫。她同时也是个现代女性,思想开放开明,对中西艺术抱有一种兼收并蓄的态度。

因为工作认真、勤奋钻研,技艺在身,教授艺术体操和舞蹈驾轻就熟,抗战期间丁景清就已经是副教授,然而,她却一向严以律己。解放初,她特地去文工团学秧歌舞、腰鼓舞;除了民族舞、古典舞外,还学习昆曲;为更好理解西方音乐和舞蹈,她自学英语,并下气力学习芭蕾,还专门聘请苏联男舞蹈家麦当姆(音)为教练,后又拜我国著名芭蕾舞专家胡蓉蓉(《海上谈艺录》丛书之《芭坛奇葩舞中华·胡蓉蓉》一书中有详细记载——编者注）为师。丁景清每月有 180 元的工资收入,这在当时,绝对算得上"高收入",她几乎把这些收入全部用在了"再教育"上,家里的开销,都由丈夫刘汉明"承包"。

十一二岁的小晴,被妈妈丁景清安排给了芭蕾和钢琴。丁景清自己跟麦当姆学芭蕾,让小晴也跟在一边学。后来,又专门让小晴每周到胡蓉蓉茂名南路的家中,上门学习,一周一次,雷打不动。

与此同时,丁景清又找了上海音乐学院的钢琴教授徐祖颐,让儿子专门拜师。这位毕业于上海圣约翰大学教育系的老师,在钢琴教学上很有一套。她见小晴的手指灵秀纤长,乐感也好,又坐得住,很喜欢这位小门生。但是,当真教起学来,徐老师柔中带刚,一点不含糊。小晴虽然觉得学钢琴完全没有打篮球、游泳、翻跟头和拳击好玩,却也不敢马虎。

从小学四年级开始一直到初中毕业,小晴每周都要去安福路徐老师家学琴,每天雷打不动地练习。几年后,琴童刘小晴弹奏的钢琴曲,已经很像模像样了。他和妈妈丁景清都没有想到,日后有一段时间,靠着这时候打下的钢琴基础,青年刘小晴以弹奏钢琴曲为营生,这是后话。

严父慈母,是很多家庭的教育模式。颇有艺术细胞的母亲之外,父亲刘汉明对小晴的教育方式则显得有些"古板和老套"。功课自然要管,但不是全部。最要紧的,是要让孩子学习国学。他认为中国的古典文学是取之不竭的瑰宝,一切学问都可以从中获得滋养。刘汉明虽然在教授体育理论,但是,国学是他的最爱,他的古文基础,早在上私塾时就打下了,他是家乡方圆十几里的才子,曾受业于旧制师范学堂,还担任过国文教师。后来,因不堪中华民族"东亚病夫"之辱,投身苏州中山体育专科学校学习,习练强身健体之道,并任体育教师。之后,又考入南京国立中央大学深造,进行全面、系统的学习。厚实的国学底子,使刘汉明大学期间的各门功课都取得不俗成绩。这位体育系的"秀才",留给同学和老师印象最深的,是他精彩的文笔。

一般课程也藉丰厚的文学基础,相得益彰。当时班级及系内有关文字任务,均由他承担⋯⋯

⋯⋯

1941 年 11 月 13 日,体育系名教授吴德懋先生,惨遭车祸,全系师生悲痛万分。吴师是当时旧中国参加东亚运动会五项全能唯一竞争者。追悼会祭文由刘汉明执笔,概括吴师一生,写来全面、深刻、沉痛。祭奠结束,有客问祭文出自中大中文系谁人之手?知者答曰,体育系教师刘汉明所作。体育教师有此奇才,可贵!

这篇刊登于《中央大学校友通讯》(1997年第七期)的文章,由刘汉明的校友兼同事邵鸿章写就,对刘汉明的国学造诣赞叹不已。

学体育,是刘汉明报效国家的一种理想,入了教育学院,学习体育理论,更使他触类旁通,觉得国学的精髓,便也是可以融入体育理论,用在教育上的。中央大学的学生社团很多,经常有各类国学、艺术研讨和交流活动,在这些社团活动中,他认识了在艺术系学习的徐悲鸿等一大批青年知识精英,常常切磋古诗文、书法、国画等,那个时期,他和所有怀有抱负的青年学子一样,似饱胀了臂力的大弓,装满了知识,只等毕业后一声令下,报效国家。

刘汉明毕业那年,"七七事变"打破了所有人的梦,作为一个留校任教的青年教师,他和中央大学一起,开始了颠沛流离的生活。他本就出身农村贫苦家庭,并不讲究物质生活,但对精神生活从不马虎。西迁途中,行囊简陋,却坚持带上书法碑帖和文房四宝。这些碑帖都是他平时省吃俭用,从嘴巴中"抠"出来的。

小儿子渐渐长大,能断文识字了,刘汉明把教授儿子古诗文的事,提上了议事日程。从心底里,他希望自己的爱好,在小儿子身上得以延续、传承。这位平日威严、言语不多的父亲,并不主张填鸭,也并不喜欢用戒尺、棍棒加手心,强制实施他的家教。他是学教育理论的,他相信耳濡目染、潜移默化。

"对酒当歌,人生几何?

譬如朝露,去日苦多。"

⋯⋯

"慨当以慷,忧思难忘。"

⋯⋯

"何以解忧?唯有杜康。"

晚饭摆上桌,刘汉明抿一口温热的黄酒,又开始了他的吟唱。小晴知道,这是一天中父亲最享受的时候,他丢掉了他的严肃,成为可亲近的父亲。

"好听吗?爸爸教你好不好?"

小晴点点头。他其实并不觉得有啥好听,他每天都听习惯了,并不懂父亲吟唱的内容。有时,他甚至暗中笑父亲的崇明口音,听起来怪怪的,像是一种遥远的山歌。"山歌"怎么有翻跟斗、游泳好玩?也远没有打弹子、飞香烟壳子有趣。他学不会,也不想学。但他怕父亲生气,不敢说出来。

刘汉明并不在意小晴的心不在焉,继续说:

"唐诗宋词是宝贝,你要好好学,学好了,一生受用无穷。"

少年刘小晴

这以后的一些日子里,晚饭后,刘汉明就把儿子叫到自己的书桌边,让他背古诗,而小晴呢,就小和尚念经,除了一知半解地背上几句"两个黄鹂鸣翠柳,一行白鹭上青天"之类的七言绝句,便没有其他进展了,对此,刘汉明倒也并不着急。偶尔儿子贪玩,作业忘了做或者考试不争气,刘汉明也会责骂甚至作势揍孩子,但小晴有妈妈这顶"保护伞",丁景清护犊情深,小晴的身体从没有真正挨过戒尺。

日子就这么平平静静地过着,国家从战乱中走出,中华人民共和国成立,人民当家做主,正是好好干工作、为国家作贡献的时候,有那么多的事正待他们这些知识分子去开拓、奉献。刘汉明的精力,更多地放了教学和科研上。他的学术专著《田径赛裁判法》正在准备出版,1953年,为庆祝上海第一届人民体育大会,他和妻子丁景清合作编写的《和平花操》教材也在编写中。

丁景清却对儿子学体操和芭蕾颇为在意。1953年,小晴正读小学六年级。一天,丁景清兴冲冲回家,告诉儿子一个"好消息":中央芭蕾舞团到上海来招生了,只有两个名额!

在母亲的鼓动下,小晴报了名。他心里充满了期待。不是期待能成为芭蕾小王子,而是知道如果录取,可以乘火车去北京。乘火车,那是多了不得的事呀!小时候从重庆到苏州坐过火车,但那时年纪小,不记事,又属于逃难,不算。现在,能坐火车去北京看看,多威武!至于考试如何,结果怎样,他一点都没去想。

毕竟是小孩子,考试那天,小晴面对那么多的考官,紧张得手心里全是汗。在形体考试时,几位老师交头接耳,更让他慌张。后来得知,招考老师们商量下来,认为少年娃的腰粗了点,将来不适合跳芭蕾,决定不予录取。

日子复又平静下去,一切照旧。小晴每天背着书包高高兴兴去上学,下课后就扔下书包做他喜欢的运动,到了晚上,父亲喝了酒,有时会把他叫到书桌前,让他背唐诗,他也就有口无心地来上几句。偶尔也给父亲磨磨墨,一边口中念念有词,一边看父亲摊开纸,酝酿诗句。

然而,少年的心里,不知从什么时候开始,喜欢上了写字。忙于工作的刘汉明并没有注意到,小儿子的课本上,"画"满了"刘体"字。除了搜集、收藏刀枪玩具五金件外,少年对书法用的毛边纸,产生了独特的情怀。在路边、小卖部里,看到有人售卖这些专用于毛笔书法的纸张,忍不住会去摸摸,注意它们的质地,偶尔,还会用零用钱买上几张藏着。

第二章

彷徨岁月

他被时代的洪流推来搡去,身不由己。肺结核、"靠边站""社会青年",人生似乎走入了死胡同,此时,有一扇门却被推开,一道光亮射了过来。

"保尔突击队"队员

时间来到了1956年的夏天,小晴从上海市和平中学初中毕业,考取了上海市同济中学。之所以报考这所位于江湾的重点高中,是因为父母的教学地点由梵皇渡路(1964年以后改名万航渡路——作者注)的圣约翰大学校区,搬到了江湾。1956年2月,华东师范大学、南京大学和金陵女子大学等院校的体育系科合并成上海体育学院,学院选址江湾。刘汉明和丁景清顺理成章,双双成了上海体育学院的老师,小晴的家,搬到了体育学院的教职工宿舍楼里。

同济中学历史悠久,创办于1907年,1933年曾建立地下共青团支部。1940年代,成立中共地下党支部。上海解放前夕,乔石同志担任同济大学地下党总支书记期间,学生们踊跃参加"反内

刘小晴和平中学毕业证书

战、争民主、迎解放"的革命斗争。这样一所有光荣历史的学校,在新中国建设和社会主义建设潮流中,自然也不甘落后。

1956年9月15日至27日,中国共产党第八次全国代表大会举行。大会宣布,对农业、手工业和资本主义工商业的社会主义改造已取得决定性胜利,社会主义的社会制度在我国已经基本建立起来。大会还通过了《关于发展国民经济的第二个五年计

划（1958—1962）的建议》。社会主义建设正如火如荼在中华大地开展，大幅的标语、口号成了鼓舞士气最直接的形式之一。同济校园内外，用油漆涂抹的红色的、白色的、黑色的标语随处可见。15岁的刘小晴懵懵懂懂，他希望自己能够加入建设的洪流中，成为国家建设的一份子。他特别喜欢看别人刷标语，这些标语，大多字体粗壮遒劲，血脉偾张，张扬着激情和力量。小晴有时候会跟在刷标语人的后面，悄悄地看他们如何先在墙上打上格子，"画"上美术字，然后用一把大刷子，把字用猩红的油漆填满。最牛的是有人不用打格子，直接往墙上涂，笔画转弯的时候，顺势弧过去，笔画有粗有细，或者干脆让油漆涎下来，特别有现场的新鲜感，小晴觉得好看。他觉得那些拎着油漆、走到哪儿刷到哪儿，并且能刷出刚劲字体的人，是顶顶厉害的。

班级里有人美术字写得好，小晴很羡慕，他在听课走神的时候，会在书本上学着别人的样子，画几个美术字，自娱自乐。

这时候，父亲督促他学习古文比以前紧了。

一天，吃了晚饭，刘汉明并没有马上起身离开饭桌，他对小晴说："你做完功课到我书房来一下。"

小晴一阵紧张。他是有些"怕"父亲的，尤其是父亲一脸严肃的时候。他瞄瞄妈妈，丁景清未置可否，没有特别表示。

"唔，好。"含着饭，小晴应允着。

推开父亲书房的时候，刘汉明正半闭着眼睛吟咏一首诗，一副沉浸其中的样子。小晴知道一切正常，不会有什么"坏事"。

书桌上除了笔墨纸砚、字帖，还有一本线装书。书没有打开，看上去是特意放在桌子上的。

"坐。"刘汉明吟完一首诗后，对着儿子点点头，自己也坐了下来，拿起了线装书。

"这本清朝人编的《古文观止》是宝书，共收录222篇文章，以散文为主，还有骈文、辞赋，都代表了古文的最高水平。学好了《古文观止》，你一生都将受用无穷。"

小晴望望父亲手里的书，好厚！他忍不住说："这么厚啊，我自己怎么学？"学校里教授的文言文内容极少，小晴曾翻看过父亲收藏的一些古籍，感觉生涩难懂。

"我小时候，先生都让背出来的，现在我对你要求不高，你只要能背诵出里面的三十到四十篇，其余的结合注释熟读，自然会理解。如果不懂，我可以教你。"

"这本书既可以当作学习古文的启蒙读物，又可以作为文学经典来读，你每天做好功课，就花时间背诵，我也会抽时间给你讲解。"刘汉明补充。

说着说着，刘汉明兀自摇头晃脑，吟诵起《古文观止》的序：

"余束发就学时，辄喜读古人书传。每纵观大意，于源流得失之故，亦尝探其要领；若乃析义理于精微之蕴，辨字句于毫发之间，此衷盖阙如也……"

自此,刘小晴被"逼上梁山",正儿八经学起了古文。说是正儿八经,其实也是三天打鱼两天晒网。因为刘汉明不是天天有空,小晴也总有其他事,再说有母亲挡驾,小晴并没有实打实按照父亲的要求学习和背诵。虽则如此,因为对父亲的敬畏,刘小晴不敢违抗父命,确实磕磕巴巴最后也扎扎实实地背出了不少名篇。

然而,父亲还让他学着作诗写赋,这就让小晴着实抗拒了。在跟着父亲"平平仄仄平,仄仄平平仄;平平平仄仄,仄仄仄平平"几次来回后,他满脑子都想着如何逃脱,年轻又幼稚的心中,对平仄怨懑,对父亲无奈。

一个16岁左右的孩子,在"鼓足干劲、力争上游、多快好省地建设社会主义"的浪潮下,在"大干快上",各行各业"卫星"连放的情形下,怎么可能安稳于书斋,背古文、作格律诗? 他心中暗暗觉得,父亲太古板了,他这一套都过时了,尤其是写旧体诗,写得过唐朝人吗? 再说,诗写得再好,能有什么用啊,一点用都没有!

刘小晴参加了"保尔突击队",这是小晴所在的高二(3)班同学自发组织的青年突击队。总共十几个人,都是班级里的好学生,"革命积极分子",或者说,都自以为从此自己就是"革命积极分子"。

学校操场上支起了好几口土制炼钢炉,"积极分子"刘小晴为响应"大炼钢铁"号召,和大家一起,四处捡废铜烂铁,可哪来那么多废铜烂铁? 他把家里的铁锅铁铲、刀剪火钳,反正铁制品、疑似含有铁成分的家伙,全都拿到了炼钢炉里。他干革命的热情高涨,虽然年龄是班级里最小的,但却是"保尔突击队"里冲在最前头的人。课余时间,他和李伟吉、金文好等一群同样热情高涨的男女同学一起,拉上劳动板车、骑上借来的黄鱼车,去宝山庙行和农民一起"三抢"(指农忙时节的"抢收、抢种、抢管"——作者注),在田间地头东奔西跑,收割庄稼,种玉米,卖力流汗,哪怕白天累到骨头散架,也"轻伤不下火线"。

全国都在"与火箭争速度,和日月比高低",小小的同济中学也未能幸免。学校地处江湾,四处滩涂湿地很多,学校就地取材,特地在围墙外辟了一处荒地,插上"同济中学试验田"的牌子,让学生开垦、耕种,准备也放一个高产"卫星"。

这处荒地贫瘠,却拦不住杂草、芦苇的旺盛生长。学校要求掘地一米,大概觉得土层翻得越深厚,越容易高产。"保尔突击队"的队员对此要求毫不含糊。有些同学特别积极,要求一米,就翻它个一米二,可是,坚硬的碱性土层下,却是烂塘泥,翻地谈何容易! 这里本就是个大泥塘,一直撂着荒,如果土质优良,肯定早用来种农作物了。

学校显然也知道这种土质很难耕种,于是,让学生娃们去运肥料。当时,农村的各种粪肥、堆肥极其抢手,各地都有为了抢大粪,相互告发、干仗的事,湖南、湖北、安徽等一些人多地少的地方为了定量分配,每家每户还发"粪票",偷大粪的人被抓住,轻则戴上"破坏社会主义建设"高帽,重则吃官司。

在这种形势下,从哪里弄肥料成了难题。大家就一起动脑筋。有人说,五角场的第二军医大学附近有个垃圾堆场,那里的肥料肥力应该足,也没见人拉。话音未落,大家"乌拉——"一声,摩拳擦掌,跃跃欲试,准备立马就去拉肥,生怕去晚了被人拉走。

正是暑热难当的夏天,"保尔突击队"出发了,刘小晴踏上三轮车,感觉自己就像鼓满了风的帆,正"直挂云帆济沧海"。

二军大附近的垃圾堆场像一个鼓鼓的小山包,里面不仅有生活垃圾,还有污染的绷带、血衣、针筒、药盒,更有一些谁也不知道是什么的污物。小山包散发着难闻的异味,但同学们毫不在意。臭?臭才肥力足!怕臭?资产阶级才怕臭呢!

小晴个子高,是杨浦区区级篮球队队员,除了打篮球,他平时还练游泳,体育锻炼使他臂膀上有了一坨坨的腱子肉。虽然外表看上去瘦瘦高高,但他自己觉得力气比别人大,因此总是选又苦又累的活干。在垃圾场,他将"肥料"一铲铲连连挥进黄鱼车,又握着车把,躬着腰,一蹬一点头地把肥料运回几里地之外的同济中学。一连干了十几天后,他浑身发软、胸口闷胀,饭也吃不下了。但是,他还是硬撑着,坚持和其他突击队队员一起,耕作、施肥,还种下了胡萝卜。同学们都翘首盼望秋后的收获,然而,不知是因为肥力太大还是别的什么原因,总之,迎接他们的,是铁铮铮的颗粒无收!眼睁睁的一片荒芜!

"人有多大胆,地有多大产"就像一个巨大的玩笑,给刚刚踏入青春期的小晴以重重一击。

对满腔热情、积极奋发的青年刘小晴来说,日后纠缠了他数年的结核杆菌,也许就在挖肥、运肥、翻地的日子里,悄悄侵入了年轻的身体,只是在当时,他并不知晓。

无缘大学梦

可以用"懵懂""热切""迷茫"来形容 1957 和 1958 年的小晴。他以一个准青年的姿态,义无反顾地投入学校的活动,积极表现自己,真诚地为国家建设奉献青春和热情,却一次次地被外部世界无情嘲弄。

首先"出事"的是父亲刘汉明。

1957 年 4 月 27 日,中共中央公布《关于整风运动的指示》,决定在全党进行一次以正确处理人民内部矛盾为主题,以反对官僚主义、宗派主义和主观主义为内容的整风运动,发动群众向党提出批评建议。随着整风运动的深入,对党和社会主义制度的批评和意见越来越多,有些还相当尖锐。针对这一情况,1957 年 5 月 15 日毛泽东撰写了《事情正在起变化》，要求认清阶级斗争形势，注意右派的进攻。6月8日，中共中央发出《关于组织力量准备反击右派分子进攻的指示》，同日，《人民日报》也发表了《这是为什么?》的社论。从此，开始了大规模的反击右派的斗争。

那个夏天，刘汉明被揪出来，成了"右派分子"，刘小晴自然搞不懂这里面有啥名堂，但他知道，他的生活正在起变化。一向爱酒的父亲不再天天咪两口，他的话更少，表情更严肃了。更多的时候，小晴回家见不到父亲，父亲不是被开批斗会，就是在去开批斗会的路上。父亲的书桌上只有"老三篇"等"宝书"孤零零地放着，笔墨纸砚、字帖、书籍大多都收了起来，几本教学用书上也落满了灰。

父亲被"揪出来"后，大哥刘明义也遭了殃。专修声乐的刘明义1954年调入刚刚成立的上海乐团，已举办数次个人演唱会，是音乐界正冉冉升起的一颗男高音新星。现在，他也被划为右派，被剥夺了演出的机会，没有任何收入，只能拿到一丁点不足以果腹的"补贴"。

母亲丁景清更忙了，一方面，家里保姆已经不敢用，全家的家务都压在了母亲的身上，与此同时，经济的重担也全落在了她肩上。刘汉明的工资一减再减，能勉强给自己糊口已是万幸。另一方面，第一届全国运动会即将召开，国家体育总局将开闭幕式的团体操编排任务安排给了上海体院，丁景清领命担纲重任，本就勤劳敬业的她在工作、教学之外，更是对此倾注了全部心力。

在同济中学，尽管刘小晴在"突击队"里铆着劲表现，但是，不知为啥，班干部、校学生干部，多次专门就他父亲、大哥的"问题"找他谈话：问他家庭成员的情况，让他向"组织"交代思想、谈认识。在多次"谈话"后，单纯的准青年刘小晴总算悟出来了——自己和其他同学有点"不一样"。

刘小晴的"不一样"很快就显现出来了。

高二下半年，复旦大学来同济中学招生，同济中学高二年级四个班级的学生，多数被复旦大学招录，并提前进入复旦大学半导体专业学习，只剩下总数约一个班级的学生被拒之门外。留下来的同学里，读书成绩多数并不差，但出身不好，不是地主、富农，就是坏分子、右派等人的子女。刘小晴也是其中一员，他和原来也是"保尔突击队"队员的同学李伟吉成了患难兄弟。

李伟吉不仅是刘小晴的同班同学，而且也是邻居。早在初中阶段，他们就是校友加邻居。刘小晴的父母和李伟吉的父亲在华师大时就是同事，李家和刘家可谓世交。但刘小晴和李伟吉成为挚友，倒是因为李伟吉的父亲李季开。

李季开也是国立中央大学的毕业生，曾在商务印书馆当过编辑，在少年儿童出版社当过知识科长，后去了华师大任教。这位教授的一大爱好是买书、读书。他家中的藏书简直可以开一家小型图书馆。李季开尤其喜欢书法，家中的字帖、碑帖、拓本，不仅数量多,而且都很珍贵,都可以办个专业展览了。喜爱书法、文学的刘汉明和李季开谈得来,两人经常切磋艺术。刘小晴呢,也喜欢往李家跑。两家人都住体育学院筒子楼9号,而且还是楼上楼下,吃好晚饭,常常就见刘小晴钻进李家,捧上一本碑帖,聚精会神地看,李伟吉也因此觉得刘小晴和其他同学"特别不一样"。

李家的藏书对刘小晴完全开放,李季开很喜欢这个比儿子小两岁的邻居小朋友,觉得他"日后必有出息",因为他爱书,静得下来,看书很专心。刘小晴成了李季开挂在嘴边的"别人家的孩子"。

李伟吉甚至觉得父亲有点"偏心",父亲对刘小晴的提点超过了对自己。惜书如宝的李季开,不轻易让外人借阅藏书,但刘小晴是个例外,不仅可以随便翻阅、拿回家借阅,甚至李季开还特别拿出柳公权、欧阳询的碑帖,让小晴临摹。

和刘汉明一样,学识丰富的李季开在"反右运动"中也被戴上了"右派分子"的帽子,下放劳动改造,接受群众监督。

父亲们成了"坏人",两位同班同学也成了难兄难弟,他们都无法像别的同学一样,直升进入复旦大学学习,只能继续留在同济中学,等待命运的安排。

命运开始考验刘小晴。

第一个小考来得不算太突然——青涩的初恋无疾而终。

高中的时候,刘小晴就注意到坐在他前排的金姓女生。先是因为姑娘姣好的面容身段,学习成绩优秀,在班级表现突出。然后,知道她是苏州人,自然就更生出一份亲近感。后来,他们都成了"保尔突击队"队员,了解就更多了。小金姑娘对这位个子高挑、斯文英俊、喜欢运动的男生也心生好感,两人接触自然就频繁起来,大家都暗生情愫。高二上学期,申请大学的事摆上了议事日程,两人畅想着一起进入大学校园的美好未来。

金同学的父亲是苏州采芝斋的老板,解放后,采芝斋积极接受社会主义改造。1954年,周恩来总理出席日内瓦会议,以采芝斋的脆松糖、轻松糖、软松糖招待国际友人,这以后,采芝斋的糖果蜜饯每年都有出口,金家是政府肯定的"民族资本家"。

"民族资本家"虽然比不上"贫下中农",但毕竟好于"右派分子"。一个是对国家有贡献的"民族资本家"的女儿,一个是严格控制使用的"右派分子"的儿子。在申请大学填写"成分"一栏时,刘小晴首先就矮了一截。待复旦大学录取名单一公布,金同学的名字一下就跃入小晴的眼睛。但左找右找,就是没有"刘小晴"的名字。刘小晴知道自己没戏了,好了,他和姑娘的懵懂故事,也只有结束了。

心情如此低落,但他没有绝望。不是还有高考嘛,高三高考,根据成绩比高下,刘小晴仍然有读大学的希望。

高考前,还有一道"关口",对刘小晴来说,那几乎不算什么事儿——不就是体检吗?他游泳、打篮球的身体能有什么问题?瘦?那个年代,有几个小伙子属于"胖"的?

然而,体检结果出来后,让刘小晴和家人,都大大倒吸了一口冷气。小小的一张白纸上,一行手写的字如此触目惊心:

结核性胸膜炎

这几个字看得人心惊肉跳,在它的下方,有这样的结论:"不适合参加高考!"晴天霹雳!

爸爸刘汉明从劳动工地回到家,风吹乱了他的花白头发,拿着儿子的体检报告,他脸色凝重。妈妈丁景清也没说什么话。最后,父母都安慰了受伤的小晴,先好好在家养病,高考明年还可以参加。

1959 年夏,小晴高中毕业,但是,因为结核性胸膜炎,他不仅不能参加高考,而且,在此后的几年中,也因为他体内结核杆菌呈阳性反应,没有一家单位愿意录用他。而他的其他高三同班同学,有些因为"成分"的问题,上不了大学,但他们都陆续走上了不同的工作岗位。

刘小晴同济中学毕业证书

结核性胸膜炎

1959 到 1961 年,国家正经历三年严重困难时期,由于"大跃进"运动以及"人民公社""大炼钢铁"等决策错误,加上年景差,粮食短缺,饥荒在全国范围内瘟疫一样传导。此时的刘小晴也正经历着心灵上的饥馑和苦闷。

结核性胸膜炎是肺结核病的一种,很多人对它谈病色变。鲁迅先生在小说《药》中,塑造了一位因患肺痨,以人血馒头为药,吃后仍命丧黄泉的人物。民间对此病的畏惧可见一斑。20 世纪 40 年代末,人类发现了链霉素这种对付结核杆菌的利药。但真正大范围使用,是在 50 年代以后。这个时期的中国,人们对结核病仍心有余悸。

民间对肺结核的另一种叫法是"富贵病",因为此病必须营养好,不能从事重体力劳动,病人如同旧时富贵人家的太太一般娇贵。

得了肺结核的刘小晴不仅不能干体力活,连以前喜爱的体育运动都不能正常进行了。不干活，没收入，整天待在家里，还要吃好的。刘小晴这个社会青年成了标准的"啃老族"。

母亲丁景清对此毫无怨言，她和刘汉明一而再、再而三克扣自己，省吃俭用，节衣缩食，努力呵护着儿子，为他增加营养，积极治病。三年严重困难时期，能吃饱饭已经不容易，但丁景清不仅不让儿子饿着，还想方设法，让儿子吃上营养品，甚至花大价钱，买来了稀罕的补品——鱼肝油。这与1959年第一届全国运动会获得空前成功有关。那届运动会上，作为团体操的编排"功臣"，丁景清受到了中央领导刘少奇等人的接见，在艺术体操领域，她是国内数一数二的专家，工资待遇没有受到经济困难的影响。因此，生活上，刘小晴倒成了幸运儿，他并没有像同时代的多数人一样，深刻体验到那种令人发狂的饥饿和困顿。

但精神的空虚和苦恼时时侵扰着已然成人的刘小晴。他唯一能做的、喜欢做的事，就是写字、读帖、看书。家中父亲收藏的《房梁公碑》《荐季直表》《九成宫醴泉铭》等几十本碑帖就成了他解闷的工具。开始的时候，对着这些古代先贤留下的墨迹，他能安静地看一整天。看累了，就摊开纸，用钢笔、小楷笔模仿笔画写字。那些静态的勾点撇捺，搭配起来，就像古代的美女，有着生动的眉眼，有一种能使他平心静气、忘了烦恼的美。而另一些字，则有一种说不出来的气概，或磅礴，或苍凉，或俊逸，如同四季更迭的秀美山川，风光无限。

他比过去更加勤快地去李季开家。如果遇到偶尔在家的李老师，这两人一定会凑在一起，交流这个字为啥好看，笔画粗细这样交织，字体繁简如此错落的道理。李老师呢，还跟他口述些书家的轶事，讲一些碑帖的来由和创作过程，刘小晴听得津津有味。

他和父亲的交流是偶尔的。每每是晚饭桌上，母亲摆出了碗筷，父亲酒才喝一小盅，小晴三下五除二便把饭吃好了。父亲不紧不慢，让小晴再陪他一会儿，小晴不喜欢喝酒，就坐在一旁当听众。几杯浊酒下肚，父亲兴致高起来了，谈竹林七贤，谈唐宋八大家，谈建安风骨，谈屈原《离骚》……高谈阔论间，也带出了自己的思想和追求。有时候，还颇为得意地吟诵几首自己创作的格律诗给儿子听。小晴基本插不上什么嘴，有时，父亲话锋一转，问起：

"《古文观止》学得怎样了？背几篇给我听听。"

这时候，小晴心中就怯怯的。若儿子不回答，父亲便会吟诵某篇文章中的一段，让小晴解说意思，问是谁写的，这位作者的基本情况怎样，说对了，刘汉明就特别高兴。也有读破句、回答错的时候。刘汉明并不责怪，他会翻开《古文观止》，给儿子逐字讲解，顺带讲一些文学常识。如此"逼迫"下，刘小晴的古文不知不觉中，果然有了提高，他发现，自己不仅看古文没啥困难了，甚至，还喜欢上了其中的很多篇目：《兰亭集序》《陋室铭》《归去来兮辞》《岳阳楼记》《醉翁亭记》《介子推不言禄》《前赤壁赋》……他试着用古文写作,也渐渐像那么回事了。

想不到的是,父亲反对刘小晴写字学书法。

看到刘小晴整天看字帖练钢笔字,刘汉明不说什么,却常常阴沉着脸。有一次,天已擦黑,父亲回到家,看到摊在桌上的一本字帖,他发话了:

"你不小了,待在家里终究不是个事体,今年高考好好准备准备,多花时间在功课上。男子汉,学一门技艺,才是安身立命之本。"

这是一位普通父亲,面对"赋闲"在家的儿子,面对未来的生存忧虑说出的话。

父亲的意思,是让刘小晴学医,他常常挂在嘴边的一句话,就是"不为良相,便为良医"。当年,刘汉明以文学青年的身份,投笔从"武",专修体育教育,是希望强健身体,让更多的人丢掉"东亚病夫"之辱,投身抗日救国之路。如果可能,他也希望自己能弃文从医,救死扶伤,治病救人。书法固然能修身养性,但是,它不能当饭吃啊,在那个年代,有谁见过书法能成职业,能养家糊口的?

刘小晴当然也想考大学,不然他一个"右派分子"的子女,如何找得到好工作?为了自己的未来,他要搏一把。

父母给他请来了一位陪读兼家教,这位同学成绩出色,也正在复习迎考,两人成了搭档,一起温习,一起解题。有不懂的问题、知识点,刘小晴很快都能够解决,一切都在有条不紊进行中。

高考的日子渐渐近了,刘小晴的营养供应跟得上,复习效果也很好,全家人对第二次高考满怀信心。书香门第,天赋不赖,环境不错,哥哥们全都大学毕业,这最小的弟弟,说什么也要读个大学呀!

考前的体检如约而至。社会青年的体检站设在淮海路上。一大早,刘小晴就转了几辆公交车,从江湾来到了繁华的闹市区淮海路。排队等体检的人真不少,好在他排得比较靠前,常规的视力、体重、血压等检查好后,他抽了血,来到了胸透室。心"别别"跳,但外表还算镇定,他相信经过一年多精心调养,自己已经治愈了。

体检报告是一周以后寄到家中的。卫生局寄来的白色的信封上,写着"刘小晴同学收"。心脏"突突"地跳,像是要蹦出胸腔,刘小晴故作镇定,仔细裁下信封口,眼睛不敢直视,但还是一下就看到了"身体不合格""不能参加高考"几个字。

坠落、坠落、坠落——此刻,刘小晴觉得自己就像在漆黑的夜里走在悬崖边,一脚踩空,然后,不断下沉,看不到周边的一切,在深深的黑暗中,不知自己要落到怎样的无边的深渊中。

第二次体检不合格,让刘小晴颓靡了好些日子,好在他还有书法。但书法之余,他仍然对高考寄予希望,父母亲也一样。也因此,过了几个月后,刘小晴重又振作了许多。刘汉明和丁景清对儿子的健康更加关心照顾了,他们几乎把所有能用的钱,都用在了为小晴治疗和养病上。父亲还安慰说,好在你读书比别人早两年,晚一两年读大学,和晚两年读书的人,扯平了。

刘汉明和丁景清拿自己的求学经历鼓励小晴,他们都是工作后再考大学,再接受更高级别的教育的。"大丈夫志在四方,能屈能伸,只要坚持志向,一定能成!"刘汉明这样鼓励儿子。

但是,很明显,经过两次高考体检不合格的打击,刘汉明对儿子上大学的事,十分忧虑。右派分子、无业青年、肺结核,像三座大山,重重地压在这位知识分子的心头。

很快,第三次高考体检又来了。等待体检报告的那十来天里,日子过得如此纠结。刘小晴怕报告的到来,又盼报告早日送达。盼邮递员的绿色身影,又怕邮递员的自行车铃声。

终于迎来了那个信封。这一次,是父亲拆的信。刘小晴清晰地记得,父亲的手有些哆嗦,当捧起那张薄薄的纸片时,父亲面无表情,一时间,空气好像凝滞了。然后,悄无声息,两行清泪从父亲的脸上淌下。当着儿子的面,这位汉子,经历战火、经历批斗、经历赛场,走南闯北的汉子,竟然落了泪!这是小晴唯一一次看到父亲的眼泪。

三检三打击,小晴对高考彻底绝望了。没了奔头,人生的希望在哪里? 个人的前途又在哪儿呢?

钢琴伴奏师

那是小晴遭受的人生第一个重击。多年以后,刘小晴终于知道,即便他当时没有生病,正常参加了高考,也是没有一所学校会录取他。因为在他们这批"问题学生"的档案里,写有一条"不予录取"的批注,他们老早就被判了刑,剥夺了接受高等教育的资格。

小晴每天足不出户,几乎不说什么话,蔫不拉叽,颓唐萎靡。妈妈丁景清看在眼里,痛在心中。她四处想办法,想让儿子能够和外界建立联系,不说自食其力,起码,做点什么,和人接触,这样也好重建自信,走出高考和病魔的阴影。

其实,小晴的结核性胸膜炎,和普通的肺结核并不完全一样,没有传染性。经过三年的治疗,他也基本痊愈,最后一次高考前体检的结果是肺部"没有完全钙化",差不多就是受伤的肉已经开始结痂,只是还没有长结实的意思。但就是这个没长结实,足以把刘小晴拦在高考门外。刘汉明已经猜测,即便将来完全钙化,孩子也会因为"既往病史"而被拒之高等学府门外,不断遭受"批判"、接受"改造"的他,心中一直担心,孩子不能参加高考,除了身体健康原因,也有政治成分原因,是他,耽误了孩子,所以才会老泪纵横。

那一天回家,远远地,丁景清就听到钢琴声从家中传来,是贝多芬的C小调第五交响曲(《命运交响曲》)。自上了高中后,小晴已经不专门去安福路学钢琴了。经过几年的训练,他已经能够自如地弹奏任何一首钢琴曲,徐祖颐老师觉得他乐感不错,如果不想往专业方面发展,小晴的钢琴水平,足以担当修身养性之任。

家中的钢琴母子合用,小晴用得少,他只是偶尔空的时候,弹几首曲子,权当解闷,不让自己手生。乐声从门窗中流泻,可是刚弹了第一乐章,便戛然而止,音乐里原有的激昂有力、勇往直前的元素,像是突然失联。尽管如此,丁景清仍觉得高兴,一个想法正在她脑中生成——儿子可以用钢琴和这个世界交流,为很多人服务!

艺术体操、芭蕾的教学、训练、表演需要音乐伴奏,在录音机、卡带、数码音乐还闻所未闻的当时,根据现场需要,进行实时伴奏是最常采取的方法。让小晴现场伴奏,不正是接触社会的一个机会嘛!

在母亲的催促下,小晴去了上海体育学院,在艺术体操教学、训练时,无偿给师生们现场钢琴伴奏。

小晴的钢琴伴奏技巧获得了师生们的肯定,见此,为了让儿子进一步走出来,母亲给他介绍了一个临时工作——去上海青少年体育学校钢琴伴奏,根据伴奏频次,一个月可以有20到30元不等的收入。

于是,刚刚成立不久的上海少体校体操房内,经常会出现一名年轻的钢琴伴奏师,上课时,教形体、体操的老师手一挥,他便来一段和体操节奏相匹配的音乐,一声"停",他便和上课的学生们一样,立马停了下来,如同音乐卡带。那一年间,小晴根据学校的排课情况,从江湾乘公交去虹口的少体校"上班",随叫随到。生活状态似乎好转了些,但他的心情没有根本的变化,钢琴伴奏并没有带给他特别的快乐,他依然是个没有工作的待业青年,不知道未来在哪里。他像个漫无目的、走投无路的空心人,机械地在城市的东北角游来荡去,周而复始,不知命运会将他抛在何处落脚。

书法成了他的避难所。每天,他只有在拿起碑帖,看那些古人的墨迹,那些长的、方的,古朴的、遒劲的、轻灵的,龙飞凤舞的、飘逸灵动的字的时候,他才感到妥帖。他小学时就喜欢毛边纸,还买来收藏了一些,现在,摸着柔软均匀,能吸水又有质感的毛边纸、元书纸,他觉得安心。墨汁、毛笔、砚台,是他的宝贝,他只要有这些东西,再长的夜,再萧瑟的日子,也觉得有光亮和温暖。

"靠边站"的大哥刘明义依然关心这个小弟弟。他偶尔回家探望父母,看到弟弟的样子,很想帮帮他。见弟弟执迷于书法,但只是自己埋头"苦干",他觉得应该给他找一个高师。领路人找对了,山门找对,开好,才能干出名堂。

刘明义想到一个朋友——在上海自然博物馆工作的王明煜。王明煜喜爱艺术,业余时间常跟刘明义学习男高音歌唱,他同时也是书法爱好者,和书画大师钱瘦铁相识。对啊,何不让王明煜牵牵线,让弟弟入得正门,进到正道?

刘明义把小晴的情况一五一十和王明煜说了,还挑了几幅小晴的习作给王明煜,让他带给钱先生看看,愿不愿收这个学生再说,王明煜很爽气地答应了。隔几日,消息来了:钱先生已很久没有收学生,他本不想再收弟子的,但看了小晴作品后,决定收下这个学生。钱先生同时也说了,这是他最后一次收徒,以后绝不再收门徒。果真如此,刘小晴将是钱瘦铁的关门弟子。听到此消息,小晴心中自有说不出的欢喜。

拜师钱瘦铁

1962 年秋天,选了一个周日,刘小晴带上了自己临写的《九成宫醴泉铭》上路了。《九成宫醴泉铭》是"唐楷第一人"欧阳询的楷书代表作,字体看似平正规矩,却险绝飘逸,从用笔、结体、章法等书法形式技巧和美学要求上看,都是书法初学者的临帖范本。这一幅《九成宫醴泉铭》是刘小晴临写得比较满意的。他不知把这个"作业"交上去,老师会说什么。

先从江湾到五角场,再从五角场转 9 路电车到虹口公园(今鲁迅公园——作者注),然后再乘 20 路电车往黄浦路钱瘦铁家,一路上,刘小晴兴奋又忐忑。钱瘦铁是他仰慕的书画大师,14 岁便开始涉足书画艺术,在苏州同时受业于晚清词人、金石家郑文焯,及著名书画家、篆刻家吴昌硕,后又拜书画家俞语霜为师。钱瘦铁 19 岁移居上海后,与书画大家陆廉夫、王二号、黄宾虹、吴待秋等前辈交往频密,得到众多大家的指点、提携,加上他本人的孜孜耕耘,在书画界声名日隆,他的山水画风格独树一帜,画风朴拙,笔墨苍劲。钱瘦铁亦工书法,篆书拙朴醇厚,隶书萧疏奇宕,草书凝练洒脱。书法和山水画,又相互晕染,相谐相成,以篆书法写干枝,以草书法圈梅花,又以山水画的苍秀劲峭入书,两者相得益彰。他的书画,和吴昌硕(别号"苦铁")、王大炘(号"冰铁")齐名,被誉为"江南三铁"。

面对这样一位大师,青年书法爱好者刘小晴,怎能不激动忐忑?

八九点钟,阳光暖暖地斜穿进了弄堂,小晴拎了一小篓水果,携一卷习作,走上钱先生家逼仄的木楼梯。楼道昏暗拥挤,但小晴的心里阳光明媚,天高云阔。王明煜敲开了钱瘦铁的家门,开门的正是钱瘦铁。

"快进来!"面前的钱先生,个头不高,头发往后梳着,消瘦,却不失温和,脸带微笑,是普通的、谦和的居家男人样子,和小晴想象的有点不一样。

黄浦路 73 号的这幢房子,本来一到三楼都是钱先生家的,现在,只剩三楼可住。钱先生有七个孩子,加上他们夫妇,以及常住的侄儿、妻妹,十来个人把本来还算宽绰的洋楼挤成了集体宿舍。房间内，陈设简陋，谈不上有啥家具，但藏书铺天盖地，书橱顶天立地，墙已不是墙，而是形形色色的图书的铺展栖身之处。

钱先生的书房里，有一张宽大的桌子，这是屋子里最"起眼"的家具了。桌上除了纸砚笔墨，还有一排排印章、刻刀。杂志、画册、字帖和画稿铺满了书桌其余的空隙。小晴一眼看到了摊在桌上的《书苑》杂志，因为上面是日文，这让小晴感到分外新奇。

望向窗外的景观极好。远处近处，波光粼粼。外白渡桥近在咫尺，清晰可见。苏州河与黄浦江的交汇处，水面豁然开朗，江上景致一览无余。S形的黄浦江江面上漂着大小不一的客货船，外滩的万国建筑尽收眼底——视线一直可以绵延到延安东路外滩信号台以外的地方。此情此景下，一股莫名的壮怀在年轻人心中升腾翻滚，没有固定工作、前途渺茫、右派子女这些阴云，一时间全都飘到了九霄云外。

小晴恭恭敬敬将自己带来的《九成宫醴泉铭》呈上，钱瘦铁仔细看了，也许是为鼓励这个年轻人，他没有就具体的字形、笔画进行过多评论，只是说，这字，有一定的"笔性"，"你是可培养之才"，但在用笔上，还比较稚嫩，"用笔不高档"。听到这样的评价，小晴心里比吃了妈妈买的补品还要高兴！

"你初学，应该把基本功练好。楷书应先临钟繇的《荐季直表》、王羲之的《孝女曹娥碑》、王献之的《洛神赋十三行》。写隶书，就先照着《张迁碑》临摹，这是传世汉碑中风格雄强的典型作品。"

学生刘小晴记住了先生的话。但其实，当时的小晴，不太理解老师的用意。他还没有学会欣赏钟繇的楷书，觉得太过古朴。但既然老师这么说，他想，那一定有道理！

"取法乎上，隶书秦汉，楷书晋唐。"这是钱瘦铁先生对刘小晴这个关门弟子最初的一些教诲。这些教诲，刘小晴至今仍在咀嚼、回味。

关门弟子

这以后，每个去黄浦路的日子，都是刘小晴最最盼望和最最感到心有所属的日子。

很多个日子，都是这样度过的：

上午八九点钟，刘小晴敲响先生的家门，钱瘦铁似乎永远都在他的书房里，不是作画，就是写字，要么在篆刻、看书、研习。小晴进得门来，先交上自己的习作，先生收下，有时会仔细看看，但并不多言语，偶然也会对个别字做一些点评。

一开始，小晴的主要"功课"是给老师磨墨。钱先生最常用的一方砚台，叫"抄手砚"，比一本16开的杂志平摊开还要大些，砚台面呈斜坡状，有磨墨区和储墨区之分，磨好的墨，径直从磨墨区流向储墨肚。小晴每次来，都会用心磨上一上午的墨。先生呢，就在一旁写字、作画、刻章，一个上午几乎不间断。

别小看磨墨，这里面也有很多名堂。钱瘦铁传授给小晴一些磨墨的"秘诀"：重按轻推，把笔如壮夫，磨墨如病夫。水不能一下子加很多，要一边磨，一边加水，这样，墨才能磨得细腻。

磨好的一大砚池墨，用狼毫、羊毫笔尖蘸一点，不会滴下来，也不会稠得推不开，水墨一体，浓酽恰当，再滴上一两滴防腐剂，保证一个星期不变质、发臭、发干，够先生用一周。等下周小晴来，再为先生磨一池。

在恩师钱瘦铁墓前拜谒

磨墨的当口，钱瘦铁就在一旁铺开了纸，作画、写字，小晴呢，手中感受着水、砚、磨纠缠、碰撞、交汇、互溶，最后交融一体的感觉，眼睛不时瞟一瞟老师的创作，看他运笔、勾勒、提顿，体会他的落笔、疏密、撇捺、布局，他就在这样的氛围里，观察、思索、学习。

有时候，钱瘦铁也会在书画间歇的时候，跟小晴说几句话，讲一些心得。比如，"搞艺术，来不得半点虚假，都要有真功夫"；关于草书："写草书，实际上运笔并不快，甚至是慢的。但看上去的效果要快。"……

一段时间，钱瘦铁让小晴重点临《荐季直表》，还特地亲自抄录《千字文》让这个关门弟子临写。因为没钱买纸，又希望能郑重其事带教小晴，收藏的字帖中有的做工甚好，衬纸可以利用，于是，钱瘦铁小心翼翼，把一张张衬纸剥下来，然后，把《千字文》誊写在衬纸上……这是小晴真正用心书写楷书的开始，他不折不扣地按照先生的旨意学习，慢慢地，心沉静下来，同样一个字，每一次书写，都会有不一样的感受。

见小晴的书法日益长进，钱瘦铁很高兴，为鼓励弟子，他拿了一本收藏的《书苑》杂志给小晴。《书苑》杂志1937年创刊，是一本研究和传播书法艺术的专业期刊，在日本书画界具有举足轻重的影响力。给小晴的这期，是小楷专刊号，里面刊登有宋拓本的小楷真迹，非常珍贵。拿到这本专刊，小晴大喜过望。

除了书法外，小晴也会在一旁静观先生作画。创作时，先生一声不吭，全神贯注。他见小晴常常观察他作画，于是特地单独画些树，再画几种石头的衬法，作为样本给小晴，让他自己去领会。书画本为一家，画功好的人，书法不会差。钱瘦铁认为，小晴主攻书法，山水也应该学些，两者相辅相成。

钱先生一家十来口人，全家的日常开销，全靠他在上海中国书画院上班的微薄收入，生活的拮据、困顿自不必说。但小晴来，他常留吃午饭，一碗鲜香的菜肉馄饨或者热气腾腾的肉丝菜汤面，简单，却有荤有素，亲切可人。

也有朋友来访，都是沪上知名的书画大家，吴青霞、黄西爽、吴湖帆、唐云……那几乎是钱先生的节日了。平日言语不多的老师，话匣子就突然打开了，高声交谈，朗声大笑，说的都是书画、金石、收藏上的事，让小晴的心情也欢欣雀跃。

最让小晴感叹的是老师那种严谨的治学态度，他爱惜自己的羽毛到了锱铢必较的地步。那次，先生应邀参加一个书展，小晴看到钱先生为写一幅字，已经用掉了好几张纸，在小晴眼里，每一幅都是精品了，可是先生就是不满意，不是觉得这一笔没写好，就是那一笔还不够韵味。写了十几幅同样的字，最后还是摇头。小晴怕是自己影响先生发挥，悄悄走开，后来知道，关上房门后，先生又创作了十几幅，最终才挑中了一幅，送出去参展。另有一次，先生创作一幅母鸡孵蛋图，也是这样，画后自毁，复画，又毁，再画，如此反复，几十张后，才挑出一张自己满意的示众。有时候，小晴表示不理解，先生一脸严肃地说："东西出去后，要对自己负责，不能让恶作传世。"

这个20岁的小伙子，社会青年、临时钢琴伴奏员，就以这样的方式，学习着中国书法艺术，他正缓慢而奋力地推开中国书法神奇、厚重的大门。

第三章

赤脚医生

一场运动席卷而来。造反、抄家、大串联……他终究还是"牛鬼蛇神"的儿子、"特务"的学生。但无论走到哪里,他都携带着心中的热爱。

中医班学员

有了临时伴奏工作,拜师了书画大家钱瘦铁,小晴黯淡的生活中似乎有了清朗的呼吸空间,但是,心中的烦闷和无望感,仍时不时冒头,吞噬小伙子的内心。

我怎么办?难道就这样一直没有正常工作,没有什么出息,当社会的寄生虫?这是多么可耻的事!我如何对得起父母?我如何抬得起头来?没有未来的人生是多么可怕!这样的念头随时随地都会在体育学院教授楼三楼的一个房间冒出。有时候铺天盖地,黑压压将刘小晴击昏。

楼上楼下,难免磕碰,要在以前,刘小晴从不为意。这一天,为了一件生活上的什么琐事,平日温和寡言的小伙子竟冲到楼下人家家门口,和邻居吵了起来。却又不善辩,争了没几句,一米八几的小伙子居然号啕大哭起来,伤心万分,引来了院子里其他邻居的围观。

小伙子哭得伤心、悲恸。邻居们对小晴十分了解,他平时言语不多,是一位有礼貌、有教养的大孩子。生活在教授楼,爱艺术,爱学习,对生活充满热望。然而,他的父亲是右派,他已待业三年,他工作无着落,平日无所事事,前途黯淡……这是多大的讽刺,多残酷的一件事!他的哭声里,不仅有委屈,还有愤懑,是对不公现实的集中宣泄。

邻居里,有一位叫王心平的中年男子,他在当时的上海市宝山县县委工作,见小晴如此伤心,深深同情,主动找到刘汉明,并向他透露:宝山县卫生局开设有一个中医带徒班,最近正在招收学员,只要文化程度达到高中水平,有人推荐,就可入学,不知刘家对此是否有兴趣。

多好的机会!刘汉明马上应承,咨询王心平后得知,宝山县管此事的卫生局干部叫张之清,巧的是,张之清也是一位古文和书法爱好者。于是,小晴很用心地用毛笔写了一封自荐信,直接寄给了张之清。信用文言文写就,中心内容言说自己立志学医的理由,一是父训"不为将相,便为良医",二是自己数年来深受疾病困扰,有切肤之痛。信写得情真意切,漂亮的小楷和真诚的言辞,加之很少有孩子能写出这么通畅的文言文,让惜才的张之清眼前为之一亮。

1963年9月,刘小晴正式成为宝山区卫生局中医带徒班的一位学员。学制五年,如果一切正常,毕业后他将成为上海某家医院的中医大夫。他的前程,终于晨曦初绽。

学中医,一要古文底子好,二要博闻强记,下功夫背诵记忆。刘小晴在家三年余,在父亲的督促和直接教授下,一直没有停止学习《古文观止》,他的古文,比一般的学员要好很多。加上他十分珍惜这个来之不易的机会,因此,读书非常用心用功,要求背诵的,他全都理解透,并且一字不落全都背出来。授课的两位老中医见了这样的学员,自然十分喜欢,也更加严格要求这位学生。投之以桃,报之以李,金匮、药理、伤寒、针灸、汤头歌诀……这些很多人望而却步的中医理论和诊断知识,包括后来学的辨证等等,这些功课,小晴门门拔头筹,年年拿第一。

这样平静求学的日子让小晴充实,他像干涸大地的树苗,久旱逢甘霖,美美地饱吸知识的雨露,周一到周五,住在学校苦学中医知识,周日回家,和父母小聚,向钱瘦铁先生学习书画,在学习和精神上,小晴都处于一种昂扬、苗壮的状态。

然而,树欲静风不止。充实的书斋生活却并没有维持很久,乌云在不知不觉中聚拢、压顶,暴风雨以肆虐一切之势,迅速横扫书斋。

不平静的书桌

1965年11月10日,《文汇报》发表姚文元《评新编历史剧〈海瑞罢官〉》一文,"文化大革命"的导火索被引燃。1966年5月,中央政治局扩大会议后,"无产阶级文化大革命"异常迅猛地发动起来。

大、中学校的学生率先起来"造修正主义的反"。在很短的时间里,由学生组成的"红卫兵"组织蜂拥而起,到处揪斗学校领导和教师,一些党政机关受到冲击。

中医带徒班的学员们毫无例外地卷入了这场运动,课堂不再安宁。

刘小晴惜惜懂懂卷入了这场运动。他参加了"劲松造反小分队",和一群红卫兵一起,斗志昂扬、热火朝天地抄家。有一次,他们一帮同学随便进了嘉定县城厢镇一户人家,这户人家看上去和普通人家有些不一样,家中有一整柜一整柜的经书,这一卷卷线装的佛经,看上去颇有些年份,文字竖排,纸张发黄,均颇为考究。这不是典型的"封资修""大毒草"嘛！"搜！"……"拿出去，烧了！"

一群"红卫兵"像发现了敌情，兴奋神经被撩拨到，又如饿鬼找到了香甜的食物，大家一哄而上，三下五除二，推倒了书柜，掀翻了经卷，连扔带扯，将经卷归拢，放了一把火。大火熊熊燃起，学生娃们嘻嘻哈哈，在一旁打斗嬉戏。火光里，刘小晴看到那些发黄纸张及上面的文字，瑟缩、颤栗、逐渐消失。蓦地，他的心紧缩了下，眼神也像行将熄灭的火苗，摇曳闪烁，心中泛起莫名的惆怅。

他想起了几周前，他去老师钱瘦铁家中的情景。

那一天他像往常一样到了先生家。可是，先生的书房却一片狼藉。图书、画册、废纸散落了一地，大多数废纸上，都有先生的书画墨迹，小晴觉得异样。再一看，一位收废品模样的人拿了一杆大秤站在光影里，秤砣比男人的两个拳头加起来都大。先生似不相信："三分钱一斤啊？"

"还嫌少？ 这东西废品回收站都不要！"

收废品人的脚边，一大摞书歪歪扭扭正待捆扎，先生显然已经忙碌了多时，一脸的疲惫。小晴知道，平时，这些东西先生都当宝贝的，现在，就这样三钱不值两钱卖了，别说先生，就是小晴也非常不舍。他低头从书堆中随手一翻，一本手工装订的《相面术》映入眼帘。书不厚，但独特的是，这是一本手抄书，内容全部用蝇头小楷写就。钱先生向来爱书，也喜欢在民间淘"货"，他的家中，散佚的民间书画物件并不鲜见，有些也并非名家名作，但往往都有独特的艺术欣赏价值。

小晴一看，嗬，这小楷字，写得工整，笔力不俗。他忍不住从"废书"堆里将这本"封建迷信书"收起，悄悄藏好，手抄本的内容他并不在意，他实在是喜欢那些工整灵动的小楷字，希望空闲时能拿出来欣赏学习……

一大堆经书化成了一小摊灰烬，一阵风吹过，灰烬四散，地面上只余些黄褐色的焚烧斑纹。小晴来不及细想，又投入了另一场"战斗"。

抄家一阵子后，"红卫兵小将"又开始相互检举揭发，大字报满天飞。不同帮派的"小将"相互谩骂、斗殴，昔日的同窗，因为"阶级立场"，势不两立，相互撕扯，硝烟弥漫。后来，不知怎么，斗殴的两派同时得知，他们相互之间有误解，被利用了，挑拨、挑唆者正是一位"造反派"头头。这下，火油桶又被点燃了，"小将"们群情激昂，立马打听挑拨者的住所，两帮人马合成一股，准备"直捣黄龙府"。

得知这位造反派头头家住青浦商榻，"红卫兵小将"们不顾驻地与商榻相隔70多公里，弄来一辆卡车，星夜从乡间小道奔袭，从嘉定马陆赶往青浦淀山湖边的商榻，对挑拨者来了个突然袭击——把此人从热被窝中拎起来，押回嘉定，连夜批斗——得势者和落魄者在一夜之间就如此转换。

这都是刘小晴亲眼看到和亲身经历的。

就这样,想积极投身"革命",不想当"落后分子"的小晴和绝大多数年轻人一样,卷席在"文革"的巨浪中,以年轻人的热情真诚和懵懂单纯,被政治的大潮携裹着推来卷去,无法判断善恶、真伪、美丑,更掌握不了人生的航向。

1966年9月,中央"文革"小组发出了支持北京学生到各地进行革命"串联",也支持全国各地学生到北京交流革命经验的《通知》,青年学生们又被注入了鸡血一样亢奋起来。10月22日,《人民日报》发表了《红卫兵不怕远征难》的社论,盛赞红卫兵"串联"是一个很有意义的创举。至此,大"串联"在全国,如火如荼。不仅去北京的火车载满了学生,各地的火车站、汽车站、广场,都挤满了满脸朝气的青年人。

中医带徒班的同学也不甘落后,立即从批斗、抄家的主战场转向,纷纷加入"串联"的洪流,青年学生们斗志昂扬,心头火热:不花一分钱,游览祖国的大好河山。如果运气足够好,还可以举着语录,在天安门广场接受伟大领袖的接见!人家蜂拥去挤火车、汽车,但多数同学没有挤上去的运气和力气,怎么办?一合计,嘿,不是有自行车嘛,骑行"串联",更有诚意。于是,中医班的一些人就骑车出发了。

刘小晴也在这群骑行的人中间,他们第一站到了苏州,后又去了无锡,再辗转骑到了杭州。反正政府管吃管住,学生们乐得免费旅游。尽管如此,刘小晴常常觉得无趣。再说长途骑行,自己的两条腿最后只是机械地往复,有些吃不消。但多数同学兴头很足,西湖、灵隐、龙井、九溪十八涧……杭州的各个景点一一转过后,大家合计再往革命圣地井冈山方向骑。刘小晴觉得每天游山玩水,没具体目标,又不能看书写字,很没意思,这一回,他决定不再随波逐流。

主意一定,他别过同学,向家的方向,和多数同学相反的方向,骑回了上海,结束了他短暂的"串联"生活。

恩师长辞

回到家,一切让他感到沮丧。

在他和同学抄别人家的时候,自己在体育学院教授楼的家,也几经风雨,被抄了数次。原来墙上挂的名家真迹画,如今不知所踪。刘小晴从小省下零花钱,从各种途径收集的邮票、古铜钱,悉数被抄。家里只剩下孤零零几本语录书,一副破败相。

最让小晴震惊的是,原来他们住着四间屋子,现在,只剩一间可以使用了。另外三间内,已搬进了两户人家。全家人挤在一间不大的屋子内,屋子里放了三张睡床后,显然已挤不进其他家具了。衣柜、书桌等,只能凌乱地堆在了门外楼道内。父母每天都很晚回家,天天要政治学习,开各种各样的批斗会、揭发会、反省会、提高觉悟会、忆苦思甜会……

父亲的"问题"还没有解决，母亲丁景清也"靠边站"了。原因在于她和"党内最大的走资派、反革命"有牵扯！这是怎么回事？

原来，1959年第一届全国运动会上，由8000人参与表演的团体操《全民同庆》大获成功，作为团体操编排主要担纲者，丁景清和许多获奖的运动员、教练员一起，在闭幕式上接受了国家领导人的颁奖，当时，台上与丁景清握手并颁奖的，正好是国家副主席刘少奇。和"大内奸大公贼"握手，这可不是一般的事！且有照片为证，这个文章值得作！"革委会"来了一帮人，东调查西调查，想定一个严重点的"罪"，可是，别的茬实在找不到，最后把"反动学术权威"的高帽子给丁景清戴上了。

家中常常就只有小晴一人，高音喇叭整天聒噪，语录歌一播完，就是勒令哪个"牛鬼蛇神"（"文革"中，所有被打倒、受迫害者的统称——作者注）到哪里报到。刘小晴亲眼看到过教授们被押到操场上，"小将"们一边吆喝着让他们钻桌凳，一边朝他们泼糨糊、墨汁的情景。一天，父亲匆忙回家，他和儿子说起，家里还有些字画、拓本碑帖，包括父亲从年轻时开始创作的古体诗诗稿三大卷，都是父亲从年轻时就收藏的心爱、心血之物，实在舍不得"处理"，尽管已收起来了，但照这种情形，还是不安全。老父亲无计可施，只好问计于儿子。

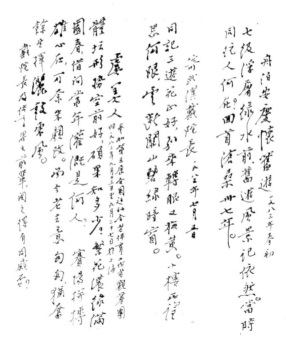

刘汉明诗稿手迹

父子俩想来想去，想到了一个人——父亲的一位侄子，刘小晴的堂哥。论血缘，算是亲人；论出身，他根正苗红，家中三代贫农；论政治背景，他既是党员，又是"工人阶级"，还是"造反派"头头。对，就把东西放在他家，最安全！

这天夜里，刘家父子将三册诗稿和几十册碑帖、拓本整整齐齐捆扎好，晚上九十点钟，小晴骑上自行车赶往控江新村，将这批图书、诗稿送到了堂哥家中，千关照、万关照后，才从堂兄家退了出来。回家的路上，刘小晴摸摸胸口，那本他瞒着父亲偷偷抽出来的《书苑》杂志温软地贴在自己身上。这本杂志正是钱瘦铁送他的楷书专号，上面有褚遂良的楷书《房梁公碑》和《伊阙佛龛碑》，均是宋拓本，他实在喜爱，忍不住留了下来。摸着字帖，他有了一丝宽慰：自己仍然有帖可读，有帖可临。

中医课基本停了，在家里，小晴除了自觉温习中医典籍，为未来的职业做准备外，他更多的兴趣在于搜集和研读古人的书法理论典籍。

老师钱瘦铁的境遇一样凄惨，虽然"右派"的帽子1961年被摘掉了，但这个"摘帽右派"，余悸未消，"文革"爆发，他很快又被"揪出来"，罪名是：特务，日本人派来的。

钱瘦铁早年曾在日本侨居。早在1922年，他的书画就获得了日本画家桥本关雪的关注。1923年3月，应日本艺术界邀请，钱瘦铁在日举行书画篆刻展，获盛名。1935年携家眷侨居日本。后被日本《书苑》杂志聘为顾问。

1937年秋，日本军国主义分子发动卢沟桥事变，疯狂侵略中国。钱瘦铁与郭沫若等爱国人士对日本当局种种行径，深表不满。钱瘦铁为郭沫若先期回国积极筹款。离日清晨，为避免招致怀疑，亲雇一车至郭沫若住处，还给郭带了西装和皮鞋更换，以便郭沫若能易其睡衣，顺利不辞妻子，不惊动任何人，悄然返国。

事后，此情况为日警侦知，警方遂逮捕了钱瘦铁。此事在金祖同以殷尘笔名所著《郭沫若归国记》一书(1945年，言行出版社出版)中有记载。

在那个荒唐的年代，这样的经历，竟然成了"日本派来的特务"的"罪证"！

钱瘦铁经常被拉出去游街、批斗。刘小晴几次去他家，都吃了闭门羹。偶尔几次遇见，见他更加消瘦了，咳嗽、喘气粗重，喉咙里呼哧呼哧，哮喘病时好时坏。

但他仍沉浸在书画的世界里，仍然笔耕不辍。只不过，因为经济极为拮据，他的笔，只能落在废旧的学生作业簿、香烟壳子、手纸、报纸上，所写的内容，都是《毛主席语录》或者领袖的文章、诗词，另外还有一些流行的标语。写的时候还要特别注意报纸的背面是否有"最高指示"、领袖头像，否则，便又是"反革命罪证"。即便如此小心，写好后，钱瘦铁也会让小晴一个不剩地用剪刀剪掉，扔进垃圾桶。

小晴舍不得，有时就从垃圾桶里悄悄捡几片"垃圾"藏好。却也不敢多捡，生怕违拗了老师的意愿。钱瘦铁信得过这个学生，因为要天天写检查，有时候，钱先生就授意小晴，让他代笔写检查，小晴也总是很好地完成了"任务"。

抄家后,钱瘦铁的篆刻工具、印章、藏石等,几乎被洗劫。书法拓本、字帖也大量被抄,藏书掳去大半。但毕竟瘦死的骆驼比马大,书法专业书还是比普通人家多。只要小晴愿意,书可以随时拿回家读。而这个勤勉的学生,除了借书读,还开始"抄书",他将古代涉及书法创作的理论文章,恭恭敬敬地誊抄下来,装订成册。渐渐地,他的"手抄本"已经积累了一大匣子。

没有任何收入,没有人格尊严,物质和精神的双重压力,使钱瘦铁几乎濒于绝境。好在有书画,这是他所有的精神寄托,人生的痛苦、窘迫、潦倒、失意、落魄,只要有了书画,买不起4分钱一张的毛边纸,哪怕写在卷烟壳上、画在火柴贴上,也是解脱。小晴从老师身上感受到了书画的神奇力量。

1967年初春,小晴再次去探望病中的老师,这一天恩师精神似乎比往常好,兴致也颇高。小晴照例给老师磨了一上午的墨,临近中午,老师拿出一张上好的宣纸,在纸上仔细运笔,不一会儿,一幅栩栩如生的梅花图呼之欲出,只见花枝遒劲,梅花傲然,梅花浮动的幽香仿佛就在身边缭绕。

"你父亲刘老先生名讳?"

小晴说了,却不知恩师用意。

只见瘦铁先生提笔:"汉明兄惠存",并落了款盖了章。

回到家,小晴把老师的画呈示父亲,刘汉明特别高兴。同是天涯沦落人,他从钱瘦铁画中,读到了老人对自己儿子的信任与肯定,更读到了瘦铁先生的自勉和两个"右派"间的相惜相怜。从儿子手中接过《梅花图》,陆游的《卜算子·咏梅》脱口而出:

> 驿外断桥边,寂寞开无主。已是黄昏独自愁,更著风和雨。
> 无意苦争春,一任群芳妒。零落成泥碾作尘,只有香如故。

刘汉明赋七绝两首,回赠瘦铁先生:

其一:

> 泼墨淋漓花满枝,冰清玉骨斗寒枝。
> 未曾识得高人面,先读高人画里诗。

其二:

> 疏影横斜浅淡开,风过疑有暗香来。
> 斯人挥洒清如许,想见孤高骨似梅。

惺惺相惜的两位老先生,在纸面上隔空襄赞。

然而,恶劣的环境最终还是毁了老师。1967 年 12 月 18 日,寒风凛冽的夜晚,挨斗后的钱瘦铁精神不济,早早上了床。半夜里二儿子起夜,突然觉得有些异样。因为平日钱瘦铁的呼噜声很响,但这一晚,夜,显得异常安静,父亲的呼噜没有响起。他上父亲床前一摸,心下一凛——父亲身体冰凉冰凉的——在频繁的挨斗后,哮喘并发肺气肿,进而诱发心脏病,69 岁的钱瘦铁在家中溘然离世。

村里来了个年轻人

日子磕磕绊绊,却也不知不觉这么过去了。

1968 年 6 月,小晴即将中医带徒班毕业,为响应毛泽东主席"6.26"《把医疗卫生的工作重点放在农村》的"最新、最高指示",这一届的中医班学员,悉数分配到了上海郊县的各个公社,散落到各生产大队、生产小队行医。"广阔天地大有作为",刘小晴被分配到了上海市宝山县刘行公社的老安大队,成了大队里的一名"赤脚医生"。

青年刘小晴

"赤脚医生"是 20 世纪 60 年代中后期出现的一个特有名词,它是随农业合作化运动而兴起的一项农村合作医疗制度。其最大的特点,是从业人员大多半医半农,多数卫生员不拿工资,也没有国家编制,只是每月从生产大队拿一些补贴,或者以生产队记工分代酬。许多人要赤着脚,插秧挖泥荷锄种田,故此得名。

1968 年 9 月,当时中国最具有政治影响力的《红旗》杂志发表了一篇题为《从"赤脚医生"的成长看医学教育革命的方向》的文章,9 月 14 日,《人民日报》刊载。随后,各大报刊纷纷转载。"赤脚医生"的名称走向了全国。毛泽东主席看到这篇文章后,在文章的眉头上批示:"赤脚医生就是好"。批示经报刊发表,立即在中国大地上掀起了一股学习"赤脚医生"的热潮。

刚到老安大队那会儿,刘小晴被"派饭"到了一户朱姓人家,和他们同吃同住,他的床就搭在农户的客堂间,说是床,其实就是用芦苇铺就的垫子。他和这家人一起吃大灶饭,白天下地,农民有需求时,他背上小药箱随时出诊。煮一碗刚从地里摘下的新鲜蚕豆,炒一碟自家腌制的酱瓜,生活简单朴素,他却感受到了从未有的被尊重。因为一旦给人看了病,农民总是千恩万谢,乡亲们还硬要塞给他鸡蛋、红薯、珍珠米、甜芦粟、毛豆等东西。于是,他只有更加热心、倾心帮老乡看病,才对得起他们的那份信任。

刘小晴无意间成了"热门人物",一方面,是因为"赤脚医生"热,但更重要的,是因为他总是人到病除。农民们很实际,只要能给他们看病,解决病痛,外加态度友善,他们就认。

一天夜里,"咚咚咚、咚咚咚",客堂间的门被敲得山响,有人求诊,十万火急!来人气喘吁吁告知:邻村一位壮年男子肚子剧疼,原因不明。开始满地打滚,后来痛得身体和脸都扭曲了,用了各种土法都解决不了问题,已经"看上去快不行了"。不待说完,刘小晴就背上药箱一路小跑到了这户人家。望闻问切后,他拿出长长的银针,找准穴位,扎下去三针,没多久,男子"啊"的一声,吐出来一大堆秽物,一会儿,脸上有了血色,人也清醒了许多。再一会儿,就活蹦乱跳,举止如常了。

神了!真神了!

原来,摸了脉搏,看了眼底,问了家人,观察症状后,刘医生判断:这位是吃撑了。三大碗糯米饭下肚,又吃了相克的宿食,能胀死人的!所以他用了针灸催吐,不用什么药,立马把人从鬼门关拉了回来。农户一家,包括四周邻里,都见识了这位刘医生的神功。

渐渐地,刘医生的名气越来越响,农民们很尊重这位城里来的"知识青年",他是老安大队最受欢迎的年轻人。这位年轻人不仅能卷着裤腿下地干活,还会背着小药箱,田间地头村舍晒场给人拿药治病。过年过节,或者谁家有喜事,他还会帮人写对联。半年后,大队部为这个年轻人特地盖了三间新房,一间门诊,一间放药,还有一间让刘小晴搬进去住。这样,小晴结束了"派饭"的日子,有了固定的居所。

这期间还发生过一件让刘小晴哭笑不得的事:

外公社常常有慕名而来看病的农友。这天来看病的人当中,有一位姑娘,是从罗店公社步行数公里赶来的。姑娘模样颇为俊俏,其实也没啥大病,配了药,就走了。

半夜12点,夜深人静,冷风习习。"笃笃笃、笃笃笃",卫生所的门突然有节奏地敲响。小晴马上披了件棉马甲出来开门。

进来的是这位罗店姑娘,小晴认得,就问:

"药吃了吗?你还有哪里不舒服?"

姑娘笑而不答,腋下夹了个布包,径直走向里间刘小晴的房内,一直走到刘小晴的床边,一屁股坐在了床上。

"给你的这些药,你只要按时吃,过几天就会好的。"

……

"看病在外面这间就可以了。"

姑娘不说话,表情怪怪的。稍顿,突然情意绵绵,说:

"你一个人在这里厌气（上海话，寂寞之意）吗？"

刘小晴囧在那里，丈二和尚摸不着头脑。

这时，姑娘从布包里拿出了一双手工纳制的绣花女鞋，递给刘小晴。羞怯着："送给你。"

刘小晴看看架势不对，赶紧开门，去大队部叫来了值班的人。这才弄明白，女青年刚和男友分手，恋爱不顺，精神受了刺激，正闹花痴病呢。

十年磨剑

照说，"赤脚医生"都应该下地劳动挣工分的，但是，老乡们都争着不让刘医生下地干重活，因此，出诊之外，刘小晴有了很多空闲时间。他找来一块一米见方的三夹板，弄了四根粗细差不多的木棍，用洋钉把木棍钉在三夹板上，做了一张简易的桌子了。桌子虽然看上去歪歪扭扭弱不禁风，但在上面写写毛笔字还是可以的。

县卫生局常常组织卫生院、所的"赤脚医生"们巡回医疗，刘小晴的身影因此也经常出现在老安大队以外的田埂地头。他的"专车"很好认："老坦克"后座上架一张三夹板小桌子的就是。自从有了这张"移动书桌"，刘小晴上哪儿都带上它，好比是珍爱的宠物，任何得空的间隙，田埂地头、农家宅院，都要俯身"逗弄"，摊开笔墨，让它发挥

功用。如果不出诊，他还有另一张自制的"大书桌"：原本放"固本"肥皂的纸板箱蛮结实，摞起来，就是两条宽"腿"，再找来一块长木板往上一搁，一张稳当的书案就成了。凳子则是现成的，一旁的床就是。1990年代，早已离开老安大队的小晴有一次故地重游，探访卫生院，"固体"桌子早已不见踪影，却发现"移动书桌"竟然安在，惊喜不已，此是后话。

和老师一样，他也每天笔耕不辍。最常练习的，就是楷书。写大楷问题不大，可以借写标语的由头，多练几下。但总不能老写标语吧，于是他自创独门技法：案头放一本《毛泽东选集》，膝上摊本《房梁公碑》，这本碑帖正是当初睭

在郊区当"赤脚医生"时期，练书法是每日的必修课

艺海一瓢书家范　艺术评传

着父亲从寄存的一沓图书中"抽"出来的。他把房门敞开，一听到脚步声，就以最快的速度，收起字帖，放好纸笔，拿起"红宝书"正襟危坐，做研读样，状如和老师捉迷藏的学生。

但还是出了漏子。

那天晚上，夜深人静，刘小晴照例在卫生室灯下伏案。也许是因为太过专心，他没有听到由远及近的脚步声。等他发觉有人过来，不好，人已经在门口了！他连忙遮挡，但显然已晚。来人是老安大队的支部书记，一个干起活来拼命，执行起"路线"也极"左"的人。

支书"哗"一下扯出小晴想藏掖的字帖，大喝：

"这是什么?!"

"这不是'封、资、修'的东西吗！你，竟敢！"

小晴大气不敢出，更不敢抬头看支书。

"我要把这个上交公社！看你还敢！"支书"哗啦啦"扬着手中的字帖。然后，一扭头，就往外走。

刘小晴呆在那里，不知所措。

大概走出去百来米远，支书突然又转回来了，把《房梁公碑》往刘小晴桌上一扔，重重地拍了拍他的肩膀，啥也没说，走了。

简直就是死里逃生！

直到现在，刘小晴还记得支书当时的样子。他猜测，大概是自己医生的身份救了他。方圆几里，有点医术、能给人真正瞧病的，大概也就他了，支书家里几口人、队里这许多乡亲，都需要刘小晴这个"赤脚医生"。不管啥原因，他心里无限感激支书。

之后，刘小晴练书法更加小心谨慎。

在习字之余，刘小晴对书法理论也颇有兴趣。在父亲的熏陶下，他的古文底子比同龄人好很多，读古籍没有任何障碍。因此，白天出诊候诊之余，他更多的是品读典籍，看到酣畅之处，将内容记下来。不知不觉中，他做的读书笔记、抄录各朝代书家的书法理论，已经积累了十几本笔记。

他一边抄录，一边回味，一个阶段后，不再是有什么看什么，而是有意识地系统积累记录古籍中关于书法的论述。有了这些书法理论，他觉得自己写字，已不再仅仅是写字，自己喜爱书法，也不再是无由来的简单爱。他触摸到了这些方形字本身的魅力，横撇竖捺、提顿点勾，相互间你退我进，欲纵还休，意趣无穷。自己能够站在更高的位置看中国书法的源流、沿革、继承、创新和其间蕴含的无穷无尽的艺术感召力。

长夜漫漫，他却异常享受夜深人静之时。因为这是他畅游书法艺术，与古代文人墨客神交的最美妙时光。临帖累了，他就拿出书来读。他读了孙过庭的《书谱》，也读

笔不离手，勤学苦练

了李煜的《书述》，抄录了周星莲的《临池管见》，也辑录了张之洞的《论书》，苏轼、米芾、王羲之、董其昌、孙过庭、姜夔、黄庭坚等人的书论，由于多遍抄录，几乎都可以背诵了。

他的视野在不断扩大，原来只知道看上去舒服、美，或者不怎么喜爱，现在，知道窍槛在哪里；他也发现，古人的字，甚至一些颇为有名的书家，也不是所有作品都是上乘之作，而一些民间的读书人，所创作的作品，一笔一画间，或者字形搭配上，大有曲妙之处。

江南的冬天，潮湿阴冷，屋内屋外温度一个样，有时候，墨水冻成冰碴碴，他就捧起墨水瓶哈气解冻。其实，因久坐不动，他的脚趾，也已经和冰碴碴差不多了。

水乡的夏天，蚊子奇多，"嗡嗡嗡"绕在四周，赶也赶不走。天气又湿又闷，只见他大汗淋漓，却长衣长裤，袖子领口紧闭，脚蹬黑长筒雨靴，手握毛笔，兀坐不动。这是他"发明"的独特防蚊法，因为只有这样，才能减少蚊子叮咬，静心练字。

他一直记得开门老师钱瘦铁的教诲，扎实练楷书。"取法乎上，隶书秦汉，楷书晋唐。"这期间他花了大量时间临摹钟繇的《荐季直表》、褚遂良的《房梁公碑》《雁塔圣教序》等碑帖。

然而，这期间发生了两件事让他没齿难忘。

第一件事,是他和父亲得知了一个噩耗。为了留存那些家藏的碑帖、字画和父亲写了一生的诗稿,在那个灯火阑珊的夜晚,他和父亲趁着夜阑人静,骑行到控江新村的亲戚家,把这些什物悉数交由亲戚,以为"根正苗红"的亲戚定能替他们妥善保管。谁知,父子俩挖空心思苦苦保存的心血之物,已经被付之一炬! 得知消息,父子皆流泪满襟,心如刀绞。

另一件事,则让他自责不已。刚开始行医时,每月的工资只有 11.5 元,这些钱,维持基本的生活都不容易,小晴还要从中克扣一部分买笔墨纸张。他平时练习多在废报纸上完成,有正规点的需要,才舍得写在毛边纸上。用宣纸,更是极其难得。然而,书法的训练,与笔墨纸张的好坏有很大关系,看到别人能用宣纸练习和创作,他那个馋呀! 实在没富余的钱买纸,怎么办? 那一次,他犹豫再三后,拿出了钱瘦铁先生送他的一幅山水画,换得了十张六尺宣纸。然而,令他欲哭无泪的是,这十张花了大代价的宣纸竟然在他骑行途中不翼而飞! 他推测,他把纸张放在了自行车后座上,因为怕弄坏纸,不敢扎紧夹结实,因为这个小疏忽,终至遭殃!

从 1968 年 7 月他分配到刘行公社从医,到 1978 年,十年间刘小晴没有一天停止过书法训练,包括恋爱、新婚时期。

往来均书艺

狗吠鸡鸣,晨炊暮烟,农村的生活日复一日。几年过去,小晴已习惯于"赤脚医生"的身份定位。有一阵,公社大喇叭整天放电影《春苗》的主题曲:

> 赤脚医生向阳花,贫下中农人人夸,
> 一根银针治百病,一颗红心哪,一颗红心暖千家。
> ……
> 革命路上铺彩霞,广阔天地把根扎。
> ……

流行歌曲人人传唱,"赤脚医生"的声誉和可敬度,在那个年代空前高涨。乡亲们也都信赖他这个"知识青年",刘小晴的心里有些暖,但也有些说不清楚的茫然。"扎根"? 他从没有去想这个。反正,每个周六,他总是很期待。因为下了班,他可以踩上两小时的脚踏车,去往十几里开外的"城里",回到体育学院自己的家,那里有父母双亲在。

市区什么都奇缺,菜、肉、蛋、米,哪样都定额发放票券,有时候手拿票券,排长队也买不到。"三年困难时期",包括小晴高中时,虽然父亲成了"右派",但母亲的教授工资没有削减,家里生活与普通人家比尚属宽裕。"文革"一来,父母都成了"坏人",两人的月工资都只有15元了,而父亲接济家乡穷亲戚的习惯从来没有改变,只要自己有口吃的,一定不忘崇明的家乡人。生活拮据自是不可避免。父母生活简朴到常常就吃些稀粥熬过一天。

农村生活也艰苦,但毕竟蔬菜和蛋都是自家产的,不至于连这些都吃不上。小晴走村串户,为乡亲除病祛痛,老乡们便会塞些田间自家的蔬菜给他,小晴总是舍不得吃,集到周六再带回家。

在宝山当"赤脚医生"期间与朋友合影,前排右二为刘小晴

每一个周六都有盼头。能回家,能和父母团聚是一个原因,还有一个重要的原因是,他这个"乡下人"进城,可以和要好的同学、同好碰头交流,也可以去图书馆、文化宫等场所,找感兴趣的资料和书籍来看。回家,意味着精神的"加餐"。

周日常常碰头的朋辈有:李伟吉、张晓明、黄公明和钱明直。他们都与书法有直接或间接的关系。

李伟吉是和刘小晴一起长大的发小,两家人的父母是同事也是朋友。他们初中同校,高中同班,又是邻居。因为父亲是"右派",都没能正常上大学。李伟吉的父亲李季开不仅写得一手好字,在古典文学方面也很有造诣,他是小晴的忘年交。

钱明直是钱瘦铁的大儿子,他比小晴稍年长,喜爱竹刻,小晴常去拜访钱瘦铁,一来二去,两人自然而然生出一种金兰情。

和张晓明、黄公明的交往始于中医带徒班的那次大集结。他们来自不同的区县,虽然在同一所学校上课,但刚开始并不熟悉。1966年下半年,"文革"爆发,中医班的学员们纷纷加入"红卫兵","红卫兵"造反派们到市中心的铜仁路集结,召开"破四旧"等造反动员大会,行动前后和行动中,都需要人写标语和大字报,于是张晓明、刘小晴、黄公明挑起了这个"大梁"。

张晓明(曾任上海书法家协会副主席——作者注)当时的书法已经非常养眼,在市区同学中,绝对数一数二。刘小晴一打听,才知道原来他的老师是任政,并且在1950年代末,张晓明就在沈尹默办的青年宫书法班上进修过。难怪字体大气中透着俊朗和洒脱!

其实张晓明初见小晴的书法也有眼前一亮的感觉:行书、楷书都很有章法,沉稳秀逸,笔笔见功力。起初张晓明并不知道刘小晴的老师是谁,一问,原来是钱瘦铁,了不得!不用再说啥,两人自此结下不解之缘。

1987年,与书法家张晓明在日本街头合影

后来,小晴还了解到,黄公明是鼎鼎大名的书画家黄西爽的儿子,心中更多了一份亲近感。为什么?原来在钱瘦铁门下学习书法时,小晴多次遇见黄西爽。他和钱先生关系甚好,两人交往频仍。黄西爽一来,钱瘦铁就特别高兴。谈笑风生,谈到兴起,眉飞色舞甚至手舞足蹈,性情毕露。

黄西爽出身中医世家,在虹口的第四人民医院工作,是上海滩名震一时的中医泰斗。这位名医不仅医术精湛、仪表堂堂,且善弹古筝,喜收藏,书画鉴赏和水墨画也很是了得。他的水墨山水画,笔墨精致飘逸,是沪上无可争议的实力派大书画家。他与名家吴湖帆、沈尹默、谢稚柳、陆俨少、唐云、吴青霞等均交谊深厚。对这样的长辈,小晴只有尊敬和敬佩的份。所以,对黄西爽的公子黄公明,自然觉得是"自家人"。

背包"毛脚"受欢迎

虽然一周只是回家住两个晚上,但小晴把休息日安排得妥妥帖帖。周六晚上回到家,饭桌上照例要陪父亲聊一会儿天,父亲和他聊家事国事天下事,最后总会把话题引到文人墨客的情怀上,书画辞赋也是刘汉明的保留话题。有时候,小晴着急要看书写字,就草草应付几句,做自己的事去了。刘汉明也不勉强,再咪两口老酒后,才笃悠悠收拾桌子。

周日,便是小晴的节日了。他会安排时间会会张晓明等同侪好友。或者去哪里淘淘书,又或者 整天就在家,偶尔也弹弹钢琴,更多时候,他沉浸在书法的世界里,和古人神交。

李伟吉家自然是要去的。这个发小,高中毕业后进了工厂,在工厂结识了 位关丽善良的姑娘,两人谈起了对象。所以,刘小晴去李家,李伟吉常常不在,这本无妨,因为只要他家有书,只要李伟吉父亲在,他就很开心。

刘小晴还有一个去处:一位姑娘的家里。周日,刘小晴吃过早饭,从上海体育学院出发,经过五角场的时候,买几只削价的处理水果,生梨、苹果剜去了腐烂的部位,不妨碍食用,价格实惠;香蕉的皮发黑了,却正合口。有时也不买什么,就带几棵宝山乡下的青菜,踩两个小时的自行车,去往姑娘的家。姑娘家住江苏路延安西路附近,离刘小晴家有二十多公里的路,刘小晴舍不得花一毛五分坐公交车,总是自行车来回。

除带几只削价水果外,刘小晴还总不忘背一只大书包,包里面有纸、毛笔、墨汁。这只大书包与那个在刘行公社巡诊时随身带的小桌子相比,与小晴的关系更近,须臾不离身,几乎就是他形象的"标配"——刘小晴不愿浪费任何一点空闲,一有时间,就从书包中拿出物件,看书或者写字。因此,姑娘和家人每次见他,必会见到书包,那几乎就是他形象的一部分。

是的,刘小晴恋爱了。

那应该是什么时候? 大概是 1963 年? 具体日子已经记不清了。反正,是在读中医不久,李伟吉牵的线。姑娘名叫贾素英,是李伟吉对象的幺妹。中等个,大大的眼睛,鹅蛋脸,端庄大方。第一次见,刘小晴就心动了。姑娘见到的小伙,儒雅、英俊、沉稳,一米八几的身高,也很对胃口。就这么一来二去,两人确定了关系。

两个年轻人对上了眼,心里却很忐忑,尤其是刘小晴,他觉得自己没啥优势,父母都戴着"帽子",没钱没地位,自己又在乡下上班,女孩父母这关,不好过。所以,一直不敢"上门"。

然而，丑媳妇终要见公婆的，没想到"丑毛脚"第一次上门，担心就一扫而空。未来的岳丈一眼就相中了这个"毛脚"，反过来跟最疼爱的小女儿说："这个年轻人，多实在！人品多好！有文化、有追求，又执着。这样的人，最靠得住！"

　　姑娘的父亲解放前家业挺大，解放后，划为民族资本家，本是个文化人，看人能看本质。小晴第一次上门，背了书包，带了笔墨纸砚，爱好书法，为他加分不少。

　　获得了姑娘家人的认可，刘小晴觉得自己的背后更多了一股推力，他更要发奋，混出点样子来。因为他不仅要给姑娘一个温暖的家，还要给她一个更好的、值得依靠和托付的肩膀。

第四章

初出"书"庐

拜良师会益友，兜兜转转中，柳暗花明，机会在不经意间接踵而至。

良师胡问遂

刘小晴对书法痴心不改。在自己摸索和与同好的交流中，他的书法功力在逐步提升，但没有人提点，有时候也如盲人摸象。在浩瀚的书法大海中行舟，虽则有古代书法碑帖作航标灯，在恩师钱瘦铁的提点下，也初步学会了航行掌舵和观察洋流走向，但仍不排除触礁和搁浅的可能。

贵人再次出现。

贵人就是沪上著名的书法大师胡问遂。引荐人呢，则是好友张晓明。

彼时的张晓明，正投师胡问遂门下，在胡问遂主持的上海市青年宫办的大型书法学习班上学习。刘小晴跟张晓明交流，每每能发现惊喜。张晓明对胡先生更是夸赞不已，让小晴好生羡慕。大概张晓明也看出了小晴的歆羡，主动说：

"你想拜胡先生为师吗？我在他面前提起过你呢。"

"啊，真的？他怎么说？"

"我下次给他看看你的作品吧。他很热心也很爱才的。"

很快，张晓明来了消息：胡先生说，下个礼拜天让你去他家。

那个礼拜六晚上，刘小晴兴奋得睡不着。

胡问遂是书法大家沈尹默的入室弟子，篆、隶、楷、行、草五体皆擅。他出身书香门第，家族中有多位书法家，他在书道探索、书艺实践上，成绩斐然。

坊间有关他勤于书艺攻读的事迹多有传颂：从小在方砖上挥毫练字，把颜真卿的《麻姑仙坛记》放成径尺大字而日临百字；以"书不惊人死不休"而暗中自励。

胡问遂的儿子胡炜曾撰文回忆父亲对书法的痴迷："父亲经常临摹颜真卿、欧阳询楷书，米芾草书和北魏正书拓本，仅颜真卿的《自告身书》，四年中他竟临了1000余遍。他日临毛边纸一刀，写坏毛笔200多支……"

艺海一瓢书家范 ◆ 艺术评传

刘小晴对胡先生的书法功力佩服不已。他醉心书法,自然了解胡问遂的书法取法高古,所作笔力雄健,气势开张。似险却正,寄奇于平,寓方于圆,尽显大家韵致。能与这样的书法大家交流,何等幸运!

1973 年初秋的一个周日,刘小晴骑行一个多小时,走进了位于南京东路上的一幢石库门房子。胡问遂,这位书法大师像等待一个老朋友一样,正等候一个青年学子的拜访。先生住三楼的亭子间,亭子间里密密匝匝都是与书法相关的物件,墙面上是书法,连床头、木质移窗上都写有许多小字,后来,小晴发现,这些小字全是胡先生学习书法的心得。

第一次见面相聊甚欢。大家胡问遂不仅没有架子,而且对小晴带来的习作,一一指点。之后,每次上门都这样。小晴研读古代书论,对"侧锋"不求甚解,历代书家对侧锋的解读也多有相异之处。刘小晴向老师求教,胡问遂回答得言简意赅:"侧锋就是方笔,欲方非侧不可。"醍醐灌顶! 小晴深切体会到,这样言简意赅的真知灼见,根植于先生对书法深刻的领悟中。

"学习书法来不得半点虚假,即使绝顶聪明的人,亦要下笨功夫。学习书法,如单论技法,只能称雕虫小技,而其高尚之处,正在于一个'情'字,这才是法外之大法,书艺之真谛。"这是胡问遂多次告诫学生的话语,小晴默默记在心间。

1991 年 2 月,探望恩师胡问遂先生

和钱瘦铁先生一样,已然是书法大师的胡问遂,每日必临帖,每临一碑,必不下数十通。有一次胡问遂学《兰亭》,跟小晴说,他要临满一百通! 在胡先生身上,小晴再次看到了艺术家对书法热切的,甚至是执拗的挚爱。

刘小晴在胡问遂的门下,主攻楷书和行书。因为小晴已经有了很不错的书法底子,所以,胡问遂对弟子的要求,跟普通书法爱好者的要求很不一样,他针对性地让小晴重点临写褚遂良的《伊阙佛龛碑》,他认为,在众多古碑中,最没有个人习气的楷书作品,当首推唐代此碑。小晴每周都要交"作业",开始一段时间,老师觉得小晴对"转角"的书写处理不甚恰当,经过不断琢磨、参悟和训练,一段时间后,"转角"问题已不复存在,在胡先生的指点下,小晴在精当用笔方面,有了长足的进步。

胡问遂重视传统,力主小晴在楷书上狠下功夫。除了褚遂良的碑帖,还让小晴通临欧阳询、颜真卿的楷书,做到合乎法度,夯实功力。一段时间后,他常常对小晴露出满意的笑容,在众人面前,很愿意提及、推荐这个得意门生。

就在小晴潜心学习颇有收获的这段时间,中国的政治时局也在蕴聚着什么。

1973 年 8 月,中共召开第十次全国代表大会,虽然王洪文、张春桥等人进入最高领导核心,但叶剑英、朱德两位老师也进入了政治局常委,党内斗争激烈,"四人帮"的阴谋也不那么容易得逞。年底,被"打倒"的邓小平回到北京,次年 4 月正式在联合国大会第六届特别会议上亮相复出,中国的外交和内政出现复苏局面,经济和文化也有转好的迹象。

一些文化机构感受到了萌动气息,闻风而动。1974 年上半年,上海中国画院为培养年轻书法人才,向社会公开招录一批"工农兵学员"。在中国画院工作的胡问遂推荐了学生刘小晴("工农兵学员"又称"工农兵大学生"。"文革"期间,教育部取消了高考招生,转而实行推荐入学。直接从工人、农民和士兵中推荐产生。报名者必须当过三年以上工人、农民或士兵。此即是"工农兵大学生"的由来——作者注)。

小晴得知消息,内心激动,却又忐忑。

这是多好一个机会啊!梦想的职业就在眼前晃动,几乎伸手可及。未来,正向刘小晴展露迷人的风姿。但是,中国画院会通过这个推荐提名吗?

而在不久前,还发生了一件令刘小晴兴奋的事:一天,胡问遂告知小晴,他已经向《人民中国》推荐了小晴的书法作品。《人民中国》是一本由中国政府部门主办的综合性外文期刊,着重介绍中国的历史、地理、风土人情和人民生活的现状。在日本发行量很大,所刊文章常被国内外报刊转载或编选成书。刘小晴知道老师如此重视他这个晚辈学生,既诚惶诚恐,又兴奋快乐。

1974 年 3 月,刘小晴拿到了当年《人民中国》2 月号期刊,这本杂志的封面,有两位戴着红领巾的小姑娘,其中一位手执毛笔,神情专注地写字,另一位则在一旁微笑观摩。内页里,刊登了刘小晴的一幅行书作品,内容是宋朝诗人徐府写的一首七言律诗。

海外发行的权威刊物上发表的作品,在一定程度上代表了"国家形象",刘小晴的处女作第一次在书坛亮相,竟有些一鸣惊人的味道。

在重要刊物上有作品发表,加之胡问遂的推荐,没有什么争议,刘小晴被锁定为中国画院应该引进的青年才俊之一。

去中国画院一波三折,最终并未如愿,但刘小晴一直感念于先生对自己的提携。1999年2月28日,胡问遂辞世,刘小晴痛心疾首,写下了一幅长联哀悼:

　　帖融碑碑融帖,从碑帖里融铸铁骨,久而领其旨趣,吸其元神,喜酿出十分好字,绝妙文章满纸清霜,一身正气贯日月;

　　人磨墨墨磨人,于磨墨中磨练人生,故而诚以待人,严以律己,且赢得两袖清风,数架诗书几卷残稿,三千桃李竞芬芳。

此长联一出,引众人唏嘘,并纷纷引用。

杏林书生

尽管中国书画院钟意于刘小晴,但刘小晴却有一层不踏实——作为卫生院中坚力量,刘行卫生院能否"开恩"同意放人?刘小晴心中实在没底。

书画院通过组织途径,向刘行卫生院发出了商调请求,卫生院果然还是不愿放人。书画院于是退一步:借。传统文化研究需要人才,我们向贵单位借用人才,用后再还,总可以吧?

借两年成不成?

不成!

那一年呢?半年?

想都别想!卫生系统也需要人才!

就这么谈崩了。商调的信函从中国书画院到宝山卫生局、刘行卫生院往来了几次,没戏,只好熄火。那个时代,人才流动不像如今这样自由,每个职工的"关系"都属于单位,离开单位必须组织同意,由有权限的单位开出"调令",才可以接转关系,否则就等于失去工作。

机会是错过了,但是,走专业书法艺术道路这根弦,开始生根。

刘小晴继续着以往的生活和工作节奏。所不同的是,他的办公点已经从几年前老安大队的大队部,搬到了刘行公社的卫生院。白天以坐诊为主,不需要经常日里夜里地出诊。

工作节奏比以前有规律了,他仍然把几乎所有的业余时间都花在了书法上。让单位领导感到有些遗憾的是,虽然他的医术无可挑剔,但他在书法上的"名气"似乎盖过了中医的名声。竟出现了书友假托看病,求刘小晴手书中医"方子"之事。

1972 年,刘小晴进入而立之年,他和贾素英的爱情,经历了九年的长途拉练,终于修成正果,金秋十月,迎来了他们大喜的日子。

有了家室的刘小晴,不改每天研习书法的习惯,即便在新婚的当天,也练上两笔才觉得踏实,九年爱情长跑,新娘对他如此痴迷书法,已见怪不怪了。

婚后的小晴仍在宝山刘行上班,妻子的工作单位在市中心,在交通不便的当时,周末才能小聚,两个人过着牛郎织女般的生活。

1976 年,国家的多事之秋,历史在异动中孕育着转机。周恩来、朱德、毛泽东三位共和国的主要开创者先后病逝,唐山大地震、"四人帮"粉碎、新的党中央主席产生……中国当代历史把太多的大事件放在了这一年。

在这历史的转折期,刘小晴家也发生了重要的事:女儿降临了。家里一下热闹起来,也忙乱起来。小晴在乡下工作,照顾女儿和父母的担子,自然落在了妻子身上。婆家在五角场还要往北的"落乡"——体育学院,娘家在江苏路,上班的地方在南京东路外滩,这三个点构成的路途之远,足以让骑脚踏车上下班的人却步。

数九严寒,滴水成冰,六月骄阳,暑热汗蒸,妻子始终奔波于这三点构成的三角线上,刘小晴看在眼里,心中疼惜,却也无可奈何。他唯希望自己能调到离家近一点的地方工作,照顾父母,减轻一点妻子的负担。但那个年代,换工作,需要组织批准,上级单位不放人,个人只能一边待着去。

好在,个人爱好不需要组织批准。

国家百废待兴,文化建设日益摆上重要位置,刘小晴研习书法的兴致越来越高。在不影响正常工作的情况下,刘小晴开始系统整理抄录我国历朝历代与书学有关的理论著作。

这些内容,有的使他醍醐灌顶,有的让他心有戚戚,有的给他观察世界的感悟,也有的也让他觉得颇有深意……他看不厌、放不下,心灵获得无限愉悦,所以才一遍一遍地抄录。渐渐地,他涉猎的书学理论已超过百种,积累的笔记装满了一个大箱子。

与此同时,他与书界学人的联系也日益广泛。他参加了周志高(曾任上海书法家协会主席,现为上海书法家协会名誉顾问——作者注)牵头组织的"上海工农兵书法小组",小组里有好些个日后活跃在上海书坛的人物。周慧珺、韩天衡、周志高、张晓明、戴小京……刘小晴都与之交往频密。

1979 和 1980 年之交,对小晴来说,是个纷繁杂沓的时段。

年初,小晴获知一个消息:恢复高考招生两年的上海中医学院公开招录研究生。

与周慧珺等合影

他想，书法艺术敲不开进入市区的大门，他还可以尝试走中医专业的道路。他估摸自己底子不错，又有实践经验，认真准备一下，考取的可能性很大。如果能考取研究生，将来应该就能调到市区工作。

接下去的大半年里，刘小晴下大力气复习功课，把"内经""伤寒"等专业知识背得滚瓜烂熟。考试的时候，他气定神闲，感觉发挥出色。录取结果张榜，他却名落孙山——通过读研调往市区工作的期望被兜头浇了一盆冷水。与当年高考被拒时的痛彻心扉比，此刻的他，已淡定了很多。

这一边，中医进修晋级的希望落空，他徘徊在市区的城门外；那一边，他的书法艺术活动却日益红火起来。

1979 年 10 月，凭着已经发表的作品和实力，刘小晴加入了上海书法家协会。不久之后，这位会员就献上了自己图书"处子秀"——《少年儿童模范字帖·毛笔小楷》，别小看这本薄薄的字帖，在儿童书法字帖奇缺的年代，它受到了小读者和家长们的热烈追捧，一版再版，很多书店在一两周内就卖空了。

这像是刘小晴日后写作编撰一大批书法专著的一个前奏，这个前奏，给了刘小晴极大的鼓舞。

夭折的书稿

在"工农兵书法小组",刘小晴的书法功底和理论知识被同道认识。这期间,上海东方红出版社(即上海书画出版社,"文革"期间改为此名,1978 年后,恢复"上海书画出版社"名——作者注)准备组织编写一本通俗的书法理论著作——《怎样写行书》,周志高找到了刘小晴,让他主要执笔,另找了周慧珺、陈炳昶、杨永健等书法行家共同参与编写。

接到这一任务后,刘小晴像拉满的弓,浑身都是冲劲。他有一肚子的理论储蓄,但即便如此,他仍不敢轻慢。说起来,这些年他看过、抄录过的书法理论书籍和论述早已超过百种,但他发现,要系统地理顺,从中提炼精华,不是那么简单的一件事。

为了打好这本书的框架,他除了重温自己的"积蓄"外,另外还从三个渠道挖掘资料:一是上海图书馆,那里藏书浩繁,有很多珍贵的典籍、珍本;二是从专业图书云集的书画出版社资料室寻找和借阅材料;三是去古籍书店,查找、借阅书籍。他把多年前养成的抄录习惯发扬光大,看到合适的论述,不仅抄录下来,而且还分门别类,有时还加上自己的批注。

看得越多,刘小晴对这些书法理论文章、专著、论点越发喜欢,感觉就像命里注定,自己就是应该和书法有这样亲近的关联,他的生命属于书学,他在浩繁的书法世界里,找到了血亲。

然而,倾注很多感情和精力的这本《怎样写行书》最终并没能成书出版。从起意策划组织编写这套名为"怎样学书法"的丛书,到实质运作、写作编辑,历时二三年,刘小晴准备极为认真、充分,待初稿完成,多次修改,到准备出版,已是 1973 年年末。彼时,中国大地上,一个名为"批林批孔"的政治运动正风雨欲来。

按计划,《怎样写行书》这本书的内容,除了介绍书法实用技巧,还有涉及中国行书发展史的内容。书法发展史在某种程度上,也是中国文化的发展史、变迁史。因此,书稿内容,不可能绕开历代文化风云人物,这些人物的书法成就和书法风格,以及由此引发的书体形式、观念变迁,是《怎样写行书》必不可少的重要内容。春秋战国时儒、法、墨、道、农等各家,百家争鸣;汉代武帝后推崇"独尊儒术"。之后,虽然历史风云变幻,但文化精英始终以尊儒家者为绝大多数,这些人当中,很多人本身既是文学家、书法家,又是儒家学说的代表人物。

在一个政治需要高于一切的环境里,斗大的标语可以有,粗壮的美术字可以有,儒家的"旧账"可不能翻,那属于"反攻倒算,开历史的倒车",是万万使不得的。

显然,《怎样写行书》不合时宜,彼时,它遭遇夭折的命运是铁定的。

艺海一瓢书家范 艺术评传

虽然倾注心血的书没有正常出版，但刘小晴觉得自己通过参与编写丛书，收获良多：开阔了眼界，看到了过去没有机会看到的珍贵书法书版本；能更加深入地浸润在书法领域，与更多的专业人士相熟、相知，交换心得；充实了自己的书法理论基础……

尤其是与上海图书馆时任馆长顾廷龙的交往，更让刘小晴难忘。

顾廷龙是刘小晴的前辈，同时也是苏州老乡，他是古典文献学、版本学和目录学的专家，书法水平很是了得。得知刘小晴编写《怎样写行书》后，他大力支持，提供了很多帮助。刘小晴去上海图书馆翻阅资料，顾廷龙有时还亲自陪同介绍。上海图书馆馆藏文献达到 5 千万余册（件），以历史文献最具特色，包括古籍 170 万册（件）、碑帖拓片 15 万件。古籍中包括善本 2.5 万余种，17 万册，其中宋元刻本 300 余种，唐、五代以前写经 220 余种。在这些珍贵的馆藏中，有国家级文物，还有珍稀的信函、日记、题词、图片等等。刘小晴有幸接触了大量古代书法理论著作，这为他之后几年火山一样喷发的书法理论著作编写，又打下了一根结实的桩基。

《书法技法述要》问世

1978 年 12 月，具有重大历史意义的党的十一届三中全会召开，会议作出了包括把党和国家工作的中心转移到经济建设上来、实行改革开放等重要决策。在拨乱反正政策的引领下，1980 年代的中国，百废待兴，一切蒸蒸日上。

社会的学习风气渐浓，美术书画书法教育日渐受到重视。但适合普通人学习和了解书法的图书却并不多见，尤其是既有理论支持，又有实践运用的书法用书，少之又少。看到这一现象，刘小晴萌生了面向普通书法爱好者，编撰一本实用书法用书的想法。他把这想法和熟悉的上海书画出版社编辑吴添汉一说，吴添汉大加赞赏。作为一名资深编辑，他给刘小晴提了不少有价值的建议。

1982 年，刘小晴开始了《书法技法述要》一书的编撰工作。按照与编辑商定的框架内容，这部书稿完成后，字数应该在 20 万左右。刘小晴虽然对要写的内容了然于胸，然而，真正要落笔，却也不是那么容易的事。此前，他虽有书法字帖出版，也有小文章发表，但写这样一部大体量的理论书，却还是头一遭。

他担心书法理论比较枯燥，普通人难以有兴趣长时间"啃"，为此，他颇费思量：书法学习与形象思维紧密关联，逻辑思维和形象思维若能结合在一起展现，或能化解"难读"之忧，让理论书能够深入浅出。和编辑商量后，他准备用图片结合理论要点，对各类技法进行点评，这样，既吸引初学者，又适合有一定基础的爱好者阅读学习。

框架、体量、表现形式、内容重点，这些要素确定后，刘小晴开始了编撰。因为有了之前十几年对书法理论的用心搜集，又有编写《怎样写行书》的经验，刘小晴手头的

1980 年代初,刘小晴书法在圈内已小有名气

资料可谓丰沛,但依然遇到很多具体的问题。刘小晴发挥他一贯的韧劲,第一遍誊抄、整理、撰写;第二遍,分门别类编写;第三遍,提炼,加注解、按语、插图,再誊写。咬定青山不放松,20 万字的《书法技法述要》,单初稿前前后后他加起来至少写了 60 万字!

从 1982 年开始着手编写,刘小晴用了三年多的时间,完成了《书法技法述要》编撰工作。1986 年 5 月,这本 20 万字的《书法技法述要》正式出版。

《书法技法述要》的出版,于刘小晴意义特殊。这是他第一部理论著作,也是他这些年来研究书法理论的结晶。虽然着手写作编撰用了三年多时间,但若论胚芽的孕育和发芽壮大,则要追溯到十多年前他借老师钱瘦铁的书论资料抄录开始。正是他十几年如一日的搜集、整理、浸淫,书论资料装了近半人高的一大箱子,才使他在编著这一专著时,字字有据,有的放矢,游刃有余。

他看好这部书法理论专著的出版:书法艺术领域,长期都存在重实践轻理论的现象,人们尤其忽视书法基础理论,而一位研习书法的人,如果没有一定的理论基础打底,他只能止步于"术",最多也就是一名高级工匠。就像中医医术,如果头痛医头脚痛医脚,不追究根源,不探究"脉象""虚实""阴阳",则根本就是一个庸医。学习书法,要想达到"艺"的高度,必须有理论打底,知其然,然后知其所以然。

《书法技法述要》共十章,分为:笔法;筋骨与血肉;基本点画写法;结体;章法;笔势;笔意;榜书、小楷、行书、草书的写法;传统和创新;欣赏与品评。刘小晴编著这本理论专著时,颇有些中医药学研究的劲头,他把古籍、古文中涉及书法技法的术语、论述分门别类,条分缕析,抽丝剥茧,让人联想起中药房里一个个紧挨着的药屉,清晰、整齐、逻辑性强,主材和辅材远近高低各不同,但都承担了不可或缺的功能,再加上刘小晴深入浅出鞭辟入里的论述,这在当时,几乎填补了书法基础理论的空白。

浅显易懂,实用性强,几乎囊括书法初学者、热爱者的全部需要,又引经据典,非常专业。为此,上海书画出版社收到了一个业绩"大礼包":《书法技法述要》不仅为书画社赢得了出版界的最高荣誉——全国优秀图书"金钥匙奖",而且市场反响热烈,不断加印,书店仍经常脱销,书画社常常接到送货要货的电话,1991年重印的那次,一次就印刷了近7万册,仍供不应求。到2014年12月,该书竟已重印了近20次!直至今日,出版社在征得刘小晴同意后,仍以此书为蓝本,按时代需求,进行再包装加工,继续出版。

不仅如此,《书法技法述要》还远播海外,日本书学杂志《书苑》以连载的形式,用大量篇幅,连续十几次选登书中内容,可见其受认可受欢迎程度。

《书法技法述要》在文化、文艺次第苏醒、勃兴的1980年代后期,可以说风头十足。在某种程度上,它填补了书法基础理论的一个空白,因此它以后的几度脱销,一版再版,并获全国优秀图书"金钥匙奖"的盛况也就不足为怪了。书出版后不久,刘小晴拿到了4000元的稿费,他高兴极了。那个年代,4000元可不是个小数字,拿到这些钱后,他狠狠地到福州路的几家书店逛了好几个来回,买了好多平时垂涎,却舍不得买的图书、碑帖等。然后,又拿出一部分来请客,让同好、同事、朋友分享他的喜悦。请客后尚有结余,他全部"上交"给了家人。父母、妻儿都为他高兴。

好事接踵

1979年,刘小晴在上海市郊已工作了十几个年头。女儿已三岁多,正是需要父母倾注精力教育和陪伴的年龄。妻子上班路途遥远,父母又年迈,精力一日不如一日。每周一日的团聚,每到告别时,都让他一个堂堂大丈夫愧疚、心揪。

想通过读书改变工作地点已然成泡影,刘小晴再想试试另一条路:组织调动。1974年时,调去中国画院成了水中月镜中花,但今日和当年毕竟不一样,况且这次他准备申请在卫生系统内调动,他觉得自己理由很充分,应该有把握。

申请报告打上去,仍然不批准。夫妻俩商量了好一阵子,说要不送点礼表示表示?然后就从生活费中抠出十来块钱,买了10斤长生果(花生)、三四斤碭山梨,红着脸送了礼。却依然没动静。是礼送得太少了吧?!夫妻俩嘀咕来嘀咕去,也没想出别的招。妻子最后决定来"硬"的,抱了年幼的女儿去找卫生院"头头",家里的实际困难明摆着,看他们管不管!就这样闯了几次单位,上面仍然没有明确的答复。

正山重水复疑无路时,一天,小晴正在刘行卫生院值班,单位的"头头"陪宝山县

幸福的一家三口,摄于 1980 年代初

卫生局的一位姓周的人事干部来卫生院看望刘小晴。寒暄几句后,小晴忍不住说到家庭的实际困难:宝山和上海体育学院相隔三四十公里,交通靠脚踏车,每周只能回家一天,十几年来天天如此。现在孩子年幼,父母年迈,父责无法担,有孝不能尽……说到动情处,七尺男儿不禁泪光闪闪。人心都是肉长的,见此情景,人事干部深为同情,答应一定给刘小晴想办法。

1980 年,刘小晴如愿调到了当时属于宝山区管辖的五角场镇卫生院,继续从事中医诊疗工作。五角场镇离上海体育学院的家大约 3 公里样子,刘小晴终于可以和多数人一样每天上下班,过上像样的家庭生活了。

1980 年代的中国,一切皆欣欣然复苏,刘小晴清晰感受到了这种自由舒展、畅快呼吸的氛围。自他在五角场上班开始,他的家庭情况也日渐好转,"好事"接踵而来。

晚年刘汉明

证 书

刘汉明 同志:

为了表彰您为发展我国高等教育事业做出的突出贡献,特决定从一九九二年十月起发给政府特殊津贴和证书。

政府特殊津贴第 92362003 号   一九九三年十月一日

刘汉明政府特殊津贴证书

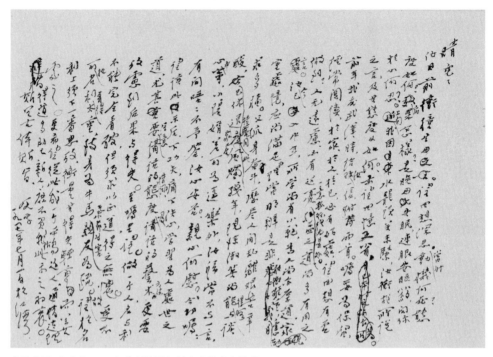

家教甚严,父亲在 1980 年代以笔墨与刘小晴谈为人处世

首先,父亲的"右派"帽子摘掉了,工资待遇恢复。然后,政府归还了住房,局促的居住环境得到改善。再后来,"平反"后的父亲,了却多年心愿,光荣地加入了中国共产党;母亲"反动学术权威"中的"反动"不见了,她原来是民建会员,后申请加入中国共产党,也全票通过。刘小晴自己,差不多和父亲在同一时间,成为一名光荣的共产党员。政治上的扬眉吐气,让刘家有了腰杆挺直的感觉。刘汉明每天晚餐咪好老酒后,重又吟诵起了诗词。当年抄家时,他的两大本自青年时代创作的旧体诗集被抄,踪影难觅。"文革"时期他写得最多的是检讨,偶然旧友来探,难抑愁怀,提笔写一两首诗或词:

"把酒低徊意万千,风华无奈逊当年。柏溪夜雨沙坪月,回首樽前一惘然。"(1973年岁首)

现在,文思难复青春时,但他心中的澎湃幽思,却更深长。他和友人往来、寄情山水,创作了一首又一首诗词:

"身经浩劫心始悟,错案还真意亦平。屈指年华今七五,浩然江上过金陵。"(1980年 7 月,江行过七五生辰)

"此去京都恨已消,月明呼伴醉今宵。时清还我风华茂,把酒依然意兴豪。"(1980

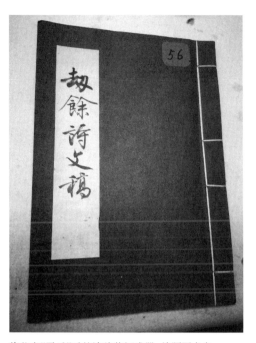

将父亲"平反"后的诗稿装订成册,并题写书名　　　　刘小晴珍藏着父亲"平反"后所写的诗稿并付梓

丁景清在书房　　　　　　　　　　丁景清政府特殊津贴证书

年9月,中秋前夕在北京呼朋宴集后创作)

　　刘小晴的母亲丁景清,中国体操学术权威,老当益壮,重又活跃在体操教育第一线,荣获1978年度"全国三八红旗手"称号,1979年获得"上海市体育先进个人"称号。八十多岁高龄,仍频频在教学课堂露面,有时还亲自向前来进修的大、中学教师示范体操动作。

　　国事和,家事兴。平静的家庭生活,为刘小晴潜心研修书法提供了温润的土壤。

当上专业编辑

望闻问切,五角场卫生院的中医工作,对刘小晴来说,信手拈来。他不需要花太多的精力,就可以当一名称职的医生。生活波澜不兴,父母和妻子其实并不真要他干多少家务,这个"书蠹头"就像家里的定海神针,只要看到他每天正常上下班,老少和和乐乐在一起,一家人便很满足。

1980年代初,在计划经济向市场经济过渡的一段时间内,从贫困中走过来的人们,毫不掩饰对金钱的粗粝追求,"手术刀不如杀猪刀""造原子弹不如卖茶叶蛋",另外一句"10亿人民9亿商,还有1亿待开张",是当时社会生态的生动写照。尽管如此,尊重知识、尊重人才的理念也在生根、萌芽。"星期天工程师""下海""走穴"等靠知识、技艺挣钱,摆脱贫困、追求新生活的现象也层出不穷。

刘小晴也完全有条件当个"星期天中医",或者下海捞些"外快",然而,他从没有往这方面动一丝一毫的脑筋。

他已然不是"文革"初期的那个愣头小伙。他从不跟风,书法是他的精神领地,不仅给了他心无旁骛的定力,也给他风光无限的享受。他臣服于书法,想为之尽毕生心力。

1980年代,刘小晴迎来了书学和人生的春天

机会在不经意间悄然而至。

1984年,《书法》杂志向社会公开招聘专业编辑。《书法》杂志隶属上海书画出版

社,因为之前已经和上海书画出版社的好几位编辑熟识,又有几本专业书出版,刘小晴当然地成为编辑部想要招录的合适人选。

刘小晴清晰地记得数年前那次组织出面,借调上海中国画院,最终没有去成的经历。所谓吃一堑长一智,这次,他觉得直接要求卫生院组织调动还是悬,于是想到了一个朋友——时任上海市杨浦区区长的钱铮。钱区长爱好书法,刘小晴早就和他有交往,还时不时和朋友一起去他家交流书法心得。

何不咨询一下钱区长,让他出出主意?

刘小晴咨询钱铮,算是找对人了。1984年,原属宝山县的五角场镇划归杨浦区管辖,区长是父母官,钱铮若支持,这组织调动,应该就有门了。

钱区长听小晴说了原委后,觉得书法人才得之不易,"十年动乱",文化遭遇空前劫难,小晴既擅长书法,心怀抱负,从大局出发,应该助他一臂之力。他出面和五角场卫生院打招呼,说:这是个不可多得的文化人才,你们要站得高远一点,要放人家到更广阔的天地去飞翔。就这样,事情顺利解决。1984年年底,小晴如愿以偿,正式调入上海书画出版社,当上了《书法》杂志的文字编辑,他终于可以理直气壮地整日和书法耳鬓厮磨了。

1980年代,常与各地书家采风交流,右三为刘小晴

上海书画出版社本是在百年老字号"朵云轩"基础上发展起来的,创建于1900年的朵云轩,向有"江南艺苑"之称。它初以出售手工制作、典雅考究的信笺、成扇和账册等为主,在文人雅士、社会贤达中名声日隆。后逐渐扩大业务范围,并以中国原作书画的征集与收藏及相关的宣纸、湖笔、徽墨、歙砚、诗笺信纸等文房用品、书画装裱等经营称雄江南。其"镂象于木,印之素纸"的传统木版水印技艺,更是中国古老雕版

印刷的一朵瑰丽奇葩，在艺术品市场享有特殊地位。张大千初来上海，朵云轩介绍他投名家曾熙门下；沈尹默不为人知时，朵云轩慧眼识才，大力推介，助其声名鹊起；章太炎喜用"朵云轩属云"宣纸画笺泼墨挥毫；张爱玲在名作《金锁记》的开篇，如此描绘年轻人想象中的月亮："三十年前的月亮该是铜钱大的一个红黄的湿晕，像朵云轩信笺上落了一滴泪珠，陈旧而迷糊……"1960年代初，朵云轩堂内，常可见林风眠与资深店员促膝交谈，翁闿运为读者讲授书艺……鼎盛阶段，朵云轩代理书画家达数百人。

"文革"时期，朵云轩被惨云愁雾笼罩，"经营"不再，连名字也一度被改为颇有政治意味的"东方红书画社"。尽管如此，凭借其知名度，一批老专家在恢复和发展传统木版水印技艺基础上，坚持开展书画收购，抢救、收藏了大量民间流散珍贵文物。1980年代中期，以著名书画大师谢稚柳为组长的中国古代字画鉴定组来到朵云轩，经调查甄别，竟发现朵云轩是除上海博物馆之外藏品最丰富的机构。迄今，朵云轩调补给全国各大博物馆的珍贵字画和古玩不胜枚举，其中不少成为故宫博物院、上海博物馆和中国历史博物馆的一级藏品。

在这样一处藏龙卧虎之地，书法编辑刘小晴一方面像小老鼠掉进米缸，幸福感鼓胀胀的，但另一方面，他也感到了空前的压力。

《书法》杂志编辑部成立于拨乱反正后的1977年6月（1977年6月曾出版试刊，不公开发行。1978年8月1日正式出版公开发行的创刊号——作者注），当时，编辑部除刘小晴外，还有潘德熙、方传鑫、周志高。周志高和方传鑫负责杂志的书法作品内容；潘德熙担纲杂志的文字内容。潘德熙出身书画世家，擅长篆书、隶书。篆刻和国画独创一帜，对书法理论亦有研究，国画家程十发、王雪涛等人的常用印大多出自潘德熙之手。

1987年，《书法》杂志创刊10周年合影，前排左起：潘德熙、方传鑫、高式熊、周志高、王宇仁，后排左起：张宏良、华义蔚、刘小晴、吴伟庆

四位编辑中,周志高、方传鑫与刘小晴年龄相仿,潘德熙是他们的前辈。上海书画出版社引进刘小晴,除了汇聚、储备书法人才考虑外,最直接的动因,是计划让刘小晴接潘德熙的班,潘德熙1926年出生,当时已58岁,年届退休。

很自然,潘德熙成了刘小晴编辑工作的带教老师。这位出色的带教老师,年龄上是刘小晴的前辈,但两人其实还有一层师兄弟关系。

原来,潘德熙早年曾师从钱瘦铁,在钱氏门下研习篆刻书画等,对钱瘦铁的画艺、书艺、篆刻都有深入的学习和领会,且潘先生对历代碑版和历朝书迹多有研习,朵云轩搜集珍藏历代碑帖文房,几乎都要过一过潘德熙等专家的"眼睛",才最后拍板。

这位老师身怀绝技,却毫不搭架子,他指导刘小晴,如何定选题,如何组稿,如何划样排版,如何填写发稿单,编辑流程又是怎样的,等等,书法专业之外,诸多琐碎的编辑事务样样耐心细致告诉刘小晴,很快,刘小晴对编辑工作得心应手起来。

拜师应野平

恩师钱瘦铁已去世多年,但刘小晴无论自己境况如何,每逢年节,或者严寒酷暑,都会去拜会恩师的家人,嘘寒问暖。他一直视钱瘦铁的大儿子钱明直为兄。钱家从黄浦路搬迁到杨浦中原地区,后又搬迁到市中心南京西路,他都没有间断过探望。

那天,他又去钱明直家叙旧。在父亲的影响下,钱明直对书画也颇有兴趣,不过,他的注意力主要在竹刻上。很自然,两人聊到了书画。

学书学画两者都要先掌握用笔,只有懂得掌控笔意,让笔能随心之所欲,才能为学好书画打下基础。而事实上,在钱瘦铁这位名师的指导下,刘小晴的山水也画得有模有样,颇有灵气。

1980年代,刘小晴坦言,自己虽已是"专业人士",有了些小名气,但时时有一种危机感。如果固守已有的成绩,没有新长进,就可能被时代抛弃。同时,一个书家,若没有开阔的视野和其他相关艺术门类的滋养,不可能在书法领域走得很远。他说自己还想多进修、多学习,书、画水平都需要进一步提高。钱明直见他说得恳切,就说:"爹爹在时,和海上的书画名家均有交往。如今很多人已经离世了。如果你对山水画有兴趣,陆俨少、应野平两位先生和爹爹情谊甚厚,我和他们一直有联系,我给你介绍介绍。"

陆俨少是当代中国画坛不可多得的山水画艺术大师,自幼习画。以其深厚的功力、博学的才识、非凡的创造力,在山水画中独创了两种新技法:"留白"和"墨块",开创了当代山水画独树一帜的艺术风貌。他的画,常给人一种清新隽永、古拙奇峭的感觉,具有一种超凡脱俗的审美情趣。

有"中国江南水墨画第一人"美誉的应野平,亦是山水画大师级人物。他是现代

应野平先生诞辰80周年纪念画展合影,左五为刘小晴

中国水墨山水的卓越开拓者,幼承家学,喜爱绘画,16岁后专攻山水,他的山水画作品气势壮阔,一气呵成,画面唯美,内蕴理想寄托,又雅俗共赏。

两位大师刘小晴都十分敬仰,他们在书法上也都有很高的造诣。思来想去,他觉得自己还是更适合学习应先生的画风,应野平先生的国画基础十分厚实,应老的书法,尤其是隶书艺术的内涵丝毫不亚于山水画。由于渗透了山水画的章法布局和大气渲染,整体上取法汉简,师古不泥古,意境高远。

1982年秋季的一个周日,刘小晴拎了一篓鸡蛋,约上钱明直,去愚谷村应野平家上门拜师了。和钱瘦铁、胡问遂一样,这位先生也毫无架子,热情地把两个晚辈让进门,问了几句,就让他们"随意"了。此时的刘小晴,是独当一面的医生,受人尊敬有加。但在应先生面前,他依然像在钱瘦铁、胡问遂面前一样,恭恭敬敬。"当徒弟,就要有当徒弟的样子"。洗水盂、磨墨这些是"基本功",作为中医的他,还很乐意给老师和他的家人贡献一点自己的医术。比如老师或师母长时间伏案、做家务,累了,他就给他们按摩、推拿。而他的学习,就在这打下手、做理疗中进行,用的也是"望闻问切"的手法。

没有什么约定,和以前拜师学艺一样,只要有空,刘小晴就会骑着他的"老坦克"去愚谷村。到书画出版社当了编辑后,因为不用坐班,单位离应先生家也不算远,刘小晴去应先生家的频率增加了,一周一次,多的时候两次。1980年代艺术交流渐次复苏,应先生的事务也因此频仍,刘小晴不是每次去都会碰到应先生,但不管老师在不在,刘小晴都一样该干啥干啥,哪怕只是多看看先生创作了一半的画,琢磨琢磨先生的笔意也好。

刘小晴很喜欢应先生山水中的墨韵,他因此特别注意观察先生作画时对笔对墨的调遣。回到家，便在自己的画作中反复揣摩、研习。应先生不仅山水画得好，画上的题款也很是漂亮，画和款相得益彰，赏心悦目。尤其让小晴钦佩的是，先生的题画诗作得十分有水准，这在当代画家中极为少见。也因为父亲喜欢吟诵和创作旧体诗，因此，小晴对应先生更多了一份亲近感。

和之前的两位先生一样，应野平先生发自内心喜欢这个不声不响的学生，这个学生不仅好学、踏实、为人低调，而且还十分有灵气。平时创作交流重任在身，没有太多精力带教，但应野平还是抽时间特地创作了两幅山水画，赠予这位高足。

刘小晴是个有心人，看老师平时忙，又发现老师的画上，题画诗作得隽永，他主动请缨，搜集应先生画上的诗，并将这些诗悉数用信笺纸抄好，再用小行楷誊写在宣纸上，足足集录了百多首。整理好题画诗后，他又将它们整体装订，然后恭恭敬敬交给了先生。

1993 年 5 月 6 日，应野平先生去世，应野平先生的儿子应洪生在整理父亲的遗物时，发现了由刘小晴誊写的行楷诗集。2010 年，这本由刘小晴书写、名为《应野平诗词》的书，由上海教育出版社出版发行。在有生之年，能为应先生做这样的实事，刘小晴特别欣慰。

在应野平门下学习时，应先生曾赠予刘小晴两幅山水画，一幅由刘小晴本人珍藏，另一幅，小晴则转送给了一位挚友。此举何为？且留待下文再叙。

第五章

躬耕书艺

进入不惑之年，刘小晴在书学的天地里不懈深耕，命运终于不再轻慢他。

吃了一记闷棍

1980 年代时，《书法》杂志的办公地点在康平路 83 号，近吴兴路。从市区东北角的上海体育学院到西南部的康平路，少说也有二十多公里，刘小晴每天骑着他的"老坦克"上下班，单程要用掉两三个小时，尽管风里雨里的，他心里却美滋滋的。

刘小晴的主要工作，是负责杂志文字内容，涉及书法理论的文章，基本由他编辑处理。譬如这期正好要介绍到某个书法家，或者关于某幅作品的分析，他根据组稿的内容，进行文字梳理编辑，有时候还需要自己写作。都说编辑工作是"为人作嫁"，所谓台上一分钟，台下十年功。一个好的"作嫁"者，与好的专业演员一个样，不仅要熟知唱念做打、生旦净末丑，做个多面手，还能有自己的"独门绝技"。没有一肚子的墨水，自己不能耍几下笔杆子，绝不可能成为一个好编辑。

刘小晴的古文底子本就不错，一个人若古文鉴赏水平高，那他离写出好文章就不远了。带教老师潘德熙有多部作品出版，还常常在报刊上发表文章，他看在眼里，佩服在心里。于是，也开始写一些与书法相关的短文。

他本就是一个仔细又爱钻研的人，做医生，尽管并非特别喜欢，但他也一样认真对待，更何况现在从事的是自己热爱的职业！有时候，一个书法家的生平、特色、作品的由来等介绍完了，他还不满足，还要探究创作的年代、心境、笔法、创作条件等与之相关的细节，一撇一捺，他都要细究。"文革"中走出来的年轻人，潜心读书的不太多，喜欢读古文的更少，钻研传统书法文章和书籍的人则少之又少。因此，刘小晴在同辈人中显得很出挑，他读了很多古书，已有的知识储备，当一个合格的书法编辑绰绰有余。

上海书画出版社人才济济，刘小晴虽是晚辈，刚进书画社那段时间，他自我感觉还不错。这与他 20 万字的《书法技法述要》在书画社出版，并受到市场热捧多少有点关系。

然而不久,他的心态却遭遇了一场滑铁卢。

彼时,书法学习在人群中渐有市场,作为领全国书法传播和研究风气之先的《书法》杂志,感受到了一波波涌动的暖流。发行量从开始的几万份,到1980年代中期,短短四五年,翻了几个跟头,跃进到了40万份,订户从普通书法爱好者,到专业人士均有,其中还不乏喜爱书法的高层人士。这不仅在书法界罕见,在全国期刊界也极为稀有。

为活跃书法创作和研究,发现和培养新人,扩大影响力,《书法》杂志在举办"全国首届群众书法竞赛"(1979年)、"首届全国书法篆刻大展"(1980年,与新成立的中国书协联办——作者注)大获成功后,决定在全国范围内举办全国书法大奖赛。

经过一番精心筹备,1986年,冠名为"书苑撷英"的第一届全国书法大奖赛在上海推出。

一时间,应征稿件雪片一样从全国各地飞往编辑部。不仅《书法》杂志的全体编辑夜以继日全力以赴,书画社也是举全社之力,抽调精兵强将参与。

从确定要举办全国书法大奖赛的第一时间起,作为《书法》杂志的一名编辑骨干,刘小晴就处于一种满血状态:这样一项全国性的专业活动,一定能让自己开阔眼界,增长见识,习得更多的专业知识。

来稿的水平参差不齐,大量的来稿让专业书法工作者们看得眼花缭乱。在堆积如山的习作中,刘小晴被一件篆书作品吸引。这幅作品本来已经被放置一边,但刘小晴拿起来一看,觉得用墨、结构、气韵、功力都不俗。刘小晴果断地将这幅作品又挑选出来,按程序让其进入下一轮评选。

后来,这幅篆书作品最终获得了众多专家的首肯,当之无愧获得1986年"书苑撷英"全国书法大赛的一等奖。该书法作品的作者言恭达,当时在江苏常熟书画院工作,书法基础扎实,此次获奖使他在全国书画界崭露头角,获得普遍认同。再后来,他的书法技艺和书法思想日臻成熟,成为全国书法界有影响的人物(言恭达后担任江苏省书法家协会秘书长、副主席,又任中国书法家协会副主席,中国书法家协会教育委员会主任,江苏省文学艺术界联合会副主席等职——作者注)。

得知言恭达的篆书获得一等奖,刘小晴暗暗高兴,为这位素未谋面的获奖者,更为自己的"眼力"开心。"书苑撷英"是对全国书法爱好者的一次大巡礼,举办的目的,是发现、发掘和培养优秀书法人才。但从主办方来说,也是对书法专业人士的品鉴能力、专业素养的一次检阅。作为一名"入行"时间不长的书法编辑,过硬的专业素养,是在行业立足的根本。

结合"书苑撷英"赛事,《书法》杂志还在无锡召集全国书法专家举办了一项大型理论研讨活动。研讨会上使用的论文,由刘小晴负责组稿,并整理编辑,会后,准备发表在《书法》杂志上。与之相关的打印、复印、装订等工作,自然也落在了杂志的文字编辑身上。

刘小晴认真整理编辑了这些理论文章,还挤出时间,撰写了一篇分析文章,准备在需要的时候拿出来和大家分享。

研讨活动按照议程一步步正常进行。刘小晴很卖力,把早已准备好的研讨文章打印、分发给众人,会议时,也学着别人的样子,给人端水倒茶,毕竟他是主办方的工作人员嘛……干中医那么多年,从没有做过这样基础性的服务工作。但既然入了书法的行,为众人服务,他也是很乐意的。

参加会议活动的书家在书画界都有一定的地位和名气,很多书家都比刘小晴年长,他们彼此交流融洽。刘小晴也想聊聊自己对书法的心得和体会。但是,总是找不到机会,好不容易鼓足勇气插话,却刚刚开口,就被打断。他性格本就有些内向,不善交流,如此一来,深感受打击,一种叫做失落感的东西越聚越浓。他把书法看得比天还大,他意识到,那些有名气的书法家,只是把他当成工作人员,没有真把他当回事,这让刘小晴无比沮丧。

说实话,热爱书法的刘小晴,耕耘如许年,心中有个"成名成家"的梦想,他想沿着老师钱瘦铁、胡问遂、应野平等人指点的路,一路求索,最终成为有真本事,在书法领域受人尊重、有所建树的人。在这次活动中,他也确实看到了不少有真功夫的同行,感觉自己很多方面不如人家,意识到自己书艺尚浅,自视过高,心中有些羞愧又有些不甘。加之会务工作的琐碎、伺候人性质的服务工作,触动了读书人敏感、自尊的神经,让他心里阴霾密布,特别不是滋味。

第一次参加书法理论研讨活动的场景,就这样深深印刻在刘小晴的脑海里,曾经的"好感觉"荡然无存,在书法的田地里,他是嫩草。"嫩草"吃了这一记闷棍,胸中沉闷郁结。他悟出,要想真正在书法界站稳脚跟,仅凭已有的一些"成绩",还远远不够。不发狠心,不获得更多的成绩,要想在书法界立足,并获得公认的地位,那是痴心妄想! 他得有更厚重的东西拿出来!

很长一段时间里,他都在问自己:

"我在书法界究竟处于什么样的位置?"

"我怎样才能获得业界的尊重?"

"我的特长是什么? 该往哪个方向努力?"

"我如何才能在书法界真正有所作为,确立地位?"

……

《中国书学技法评注》出炉

刘小晴迷上了与美学相关的书籍。一段时间来，宗白华的《美学散步》、李泽厚的《中国美学史》、朱光潜的《谈美》等书成了他案头的必备书。书中关于艺术与美、中国古代书法的审美精神论述，让刘小晴大受启发，甘之如饴。从书法艺术的发展、流变，完全可以窥探到中国文化的起落传承。书法艺术内蕴的意境，本就让刘小晴迷恋，现在，有了美学理论的点拨和归纳，更让刘小晴对中国书法的认识，跃升了一个台阶。

由浅入深，刘小晴还找来了《西方美学史》，一边阅读，一边做笔记。他甚至对黑格尔的《美学》、席勒的《审美教育书简》等，也有涉猎。

那段时间，书画出版社资料室是刘小晴最喜欢去的地方。资料室虽比不上市级图书馆大，书的种类也并不全，但专业书足够多，老版本的碑帖、字画琳琅满目，与艺术相关的史学、美学等图书、杂志也丰盛得让他睡觉都想笑。

资料室的杂志和图书看了后还不过瘾，他又跑去各大图书馆借阅资料，去的时候，身上总是带着纸和笔。凡论及古代书法美学的内容，包括气韵、意境、骨力、人品、书品、风格等等内容的，都抄录下来。旧书店、书摊也是他常流连的地方。见到有价值的内容，来不及抄录，就干脆裁剪下来（当然是在允许的情况下）。就这样，与书法美学有关的内容，他摘录了厚厚几本笔记簿。

与此同时，因为刘小晴在《书法》杂志主要负责书法理论文章的编辑工作，很自然，史学类图书，尤其是与古代书家相关的，都是他关注的重点。开始是因为需要找每期杂志刊载的古代书家相关资料，后来就变成了自己主动有系统地研究了。

这个时候，亦师亦友的同事王壮弘给了他很多支持。

王壮弘 1931 年 10 月出生，比刘小晴大 11 岁。他擅长篆书、草书，师从许铁丰、沈尹默，在金石碑刻及书画鉴别上的造诣极深，是书画碑帖鉴定大家。他还精通武术，自创王式太极拳。1956 年王壮弘进入朵云轩专司碑帖、书画鉴定。刘小晴进《书法》杂志时，王壮弘是上海书画出版社的"定海神针"之一，正挑着书画社碑帖鉴定的大梁，当时社里出版的碑帖版本，多经由王壮弘审定，在市场上信誉极佳，广受专业人士追捧。

有这样一位浸淫于碑帖考鉴、精通书法碑帖史的师长共事，刘小晴当然不会放过学习的机会，甄别鉴赏碑帖优劣的基本功，也在这一时期练就。

刘小晴体内的书学知识库日渐充盈，渐渐地，又一部书学基础理论著作的内容轮廓浮现于脑际。

刘小晴设想的这部著作，延续自己的第一本理论著作《书法技法述要》的特点，仍然围绕"技法"作文章。这么多年来，他潜心钻研书法，习得技艺，悟出门道，修得灵气，无不从"技"出发。技，既是敲门砖，又是炼金术。"技"只有和"法"结合，才有可能形成"度"，成为"艺"，进而幻化成一种"美"。

与《书法技法述要》不同的是，即将开写的这部著作，不止于对中国书法的笔墨技巧进行基础的解析、研究，它通过搜集、汇集中国历朝历代书学论述，整合不同时期书家观点，探讨书法艺术中，具有共性的一些美学规律。兼顾书论的方方面面，博采众长，理论性、实用性兼具。

刘小晴对自己的要求是：写一部不同于以往的书法基础理论著作。这部著作去芜存菁，是一位书法理论研究者，对中国古代书家的创作方法、书法理论、审美观念所做的一次系统、客观的整理和评析。他力图做到解读客观、公正，又能传达自己独有的体悟。

编撰工作不仅是一项高强度的智力活动，也考验着一个人的体力和耐性。整理、罗列、遴选、分析、写作、修改……刘小晴不知经历了多少个不眠之夜。好在，那时候，女儿已上小学，双亲年事虽高，但身体尚属健朗，贤淑的妻子承担了全部家务。有这些做靠山，一个正值壮年的男人，钻研着热爱的事，心无旁骛，觉得浑身有使不完的劲。白天处理杂志的编辑实务，晚饭后的时间，就全部贡献给了书稿。往往撂下饭碗，便关进书房，从华灯初上，到凌晨两三点，听到上夜班的人回家的脚步声，他才想起该起身喝口水。夜班人洗漱后，市声复寂静，他仍孤灯一盏，奋笔疾书。

那些日子，他常常书写到晨曦微露，习惯早起的老人起床，他才想起自己还没有挨过枕头。虽然当时编辑部不需要坐班，但是，白天的工作还是要正常开展，于是，每天睡四五个小时是他的常态。

1988 年 12 月，20 万字的《中国书学技法评注》初稿完成。在书的《后记》中，编著者刘小晴有这样的表述：

> 本书力求全面反映中国古代书学理论中技法部分的概貌，评点部分力求辩证、公允、不卑不亢、不激不厉，无论帝王百僚，抑或庶民道释，无论南帖北碑，凡作者认为合理则取之，否则舍之。

不难看出，此时的刘小晴，已经是一位成熟的书法理论研究者，他的客观、公允、不偏不倚的研究态度，具有了学者的意味。在客观、公允的研究态度下，他围绕着笔墨技巧中最基本的用笔、结构、行气、章法这四个方面，运用微观剖析、比较、演绎的研究方法，探讨书法艺术的共性和规律，梳理缜密，评述点穴，解读富有匠心：

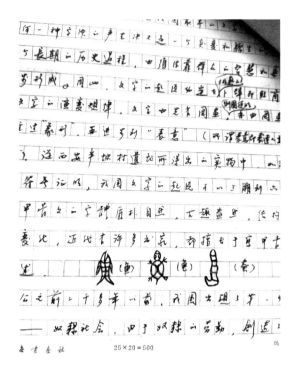

《中国书学技法评注》手稿

点者,字之眉目,全藉顾盼精神,有向有背,随字异形。

——姜夔《续书谱》

按:点贵于变化,随字形异,又贵乎有势,顾盼有情,向背得宜,如此字则精神。

······

意前笔后者,熟玩古帖,于字形大小、偃仰、平直、疏密、纤秾,蕴藉于心,临纸暝默,豫思其法,随物赋形,各得其理。

——丰坊《书决》

按:熟玩古帖,指平时宜多读帖,细细玩味古人用笔之精妙处。至于创作之时,则心中全无他神,只有我神,对所写之字应如何安排,如何照应等做到心中有数,然后大胆落笔。而挥洒之际,又要因势赋形,随机应变,瞻前顾后,左右照应,上下连属,一气呵成。此时,心中已无笔法,结构,心手两忘惟有神行而已。

······

名家书有下笔便佳者;有用意辄好,不用意即不佳者;有不用意反好,用意即不佳者,此天工、人工之异也。

——赵宧光《寒山帚谈》

按:晋人尺牍,下笔更佳,以其功力精到而以自然处之。今人作书,用意辄好,不用意则不佳者,以其以功力胜而未能臻"从心所欲不逾矩"之"自由王国"境界也;不用意反好,用意即不佳者,功力未到,不足与论书也。

……

楷书先求古劲,与古劲中得冲和淡穆之致,乃到最上层。

——邹方锷《论书十则》

按:古劲岂能先求,学楷书当从用笔入手,先求挺拔,后求迟涩。鼓励充盈,而后旁通篆隶。积年累月,功力既到,而后能苍劲,朴厚醇至之作,冲和淡穆之致,由性情学养中出,非能以功力强求也。

上述几段文字,分别引自《中国书学技法评注》不同章节。这些内容围绕书学技法,从实用的角度出发,分门别类,条分缕析,结合自己的观察和实践,进行深入浅出、以点带面的评点,并生发独有观点。书中所涉及的古代书论,上自汉魏,下迄明清,绵延两千余年。而如此系统地阐释、评点历代书学技法,在当代书法史上,几无前人。

刘小晴之所以有这样的著述底气,源于他持久的书法研读。自"赤脚医生"岁月起,他便有意识地搜集古代书学理论"专训",且读且咀嚼,历久弥痴。搜集、阅读、抄录和体悟古人的书论,几乎"赘生"成他身上的一个脏器,日日伴定了他。到了上海书画出版社,他拥有了得天独厚的专业环境,更痴迷钻研书法技法。上海图书馆、书画社资料室、上海古籍出版社、福州路古籍书店……这些书法资料的藏书"大户",是他常去的"储备库",这一切,为他成功撰写《中国书学技法评注》创造了良好的生境。

在《中国书学技法评注》的序言中,时任上海书画出版社总编辑卢辅圣如此评述:

……通过本书,至少使我们看到了中国书学直面过去和现在的自觉的反思倾向。尤为可喜的是,这种反思建立在一个不是轻率随意而是审慎认真、不是避难就易而是忍辱负重、不是一知半解而是深厉浅揭的基础上。从书中所涉典籍之广博,所列章目之丰富,所作评注之通贯,乃至在以说理式的体会文字阐幽发微,皆能感觉到编著者涵泳古今、继往开来的强烈意愿和良苦用心。更何况所选历代书论,既是不同时代、不同主题的书学菁华的大汇聚,又在编著者评议发挥的两相对照中,释放出双方都没有感受到的言外意义,从而超出了本书所明示的直接价值。……

1991 年 6 月,《中国书学技法评注》正式出版发行,甫上市,便受到书法爱好者极大关注,各地新华书店不断打电话到上海书画出版社出版科:卖空啦,要进货 10 箱,再进货,要 20 箱……

深入浅出,实用性、知识性、理论性兼顾,这部书法基础理论实用图书,几乎通吃所有书法爱好者。书中特有的编排方式,简短的引文,精当的按语,包括为说明问题而选用的插图、碑帖,均让读者大呼"好书!"。至 1994 年 12 月,短短三年里,已再版3 次,每次印刷数量都达 1 万册,这几乎就是一部专业理论书能够达到的至高点。

2000 年,《中国书学技法评注》获出版界图书最高荣誉——"金钥匙奖"。

时至今日,从网络搜索《中国书法技法评注》一书,"豆瓣"读书频道的读者,一律给出了五颗星的最高评价。

《书法技法述要》和《中国书学技法评注》这两本书学基础理论图书的出版并大获成功,为刘小晴在书法理论界的影响力,奠定了基础。但刘小晴的脚步并没有停滞或放缓,从 1990 年代中期到 21 世纪初的数年中,他一鼓作气,又相继出版了《小楷技法指南》《书法艺术的创作与欣赏》《行书基础知识》等 100 余万字的著述。成为这一时期国内最活跃、最重要的书法理论家之一,理所当然,他被推选为中国书协学术委员会委员。

与东瀛书家今井凌雪交好

在编撰《中国书学技法评注》的当口,刘小晴还频频在书法类报刊上发表文章。借着媒体和书界同仁的口口相传,他个人的名声日隆,不仅为国内同行认可,也引起了日本书家的关注。

日本文化界向来推崇书道,民间书法社团活跃,有一批热爱书道的书家致力于中国书学的传承和研究,在中国颇有影响力的《书法》杂志是这些书法爱好者必读的专业刊物。

一日,日本书坛巨擘今井凌雪捧起最新一期的《书法》杂志阅读,他被其中一篇文章吸引,文章里谈到中国古代书学技法的问题,颇有见地。一看,署名"刘小晴",这个名字他已经注意过多次,上一次,再上一次,是关于中国古代书学传统和流派的论述,都很独到,他还特地收藏了下来。今井凌雪越看越兴奋,决定要会会这位同行。

作为日本当代十分有影响力的大书法家,今井凌雪自幼随日本书法大师中谷釜双和辻本史邑先生学习,从欧阳询入手,得唐楷谨严法度。又学北魏诸碑刻,得朴拙浪漫之致。再师赵孟頫和明清诸家，潜心钻研，博采众长，自成一派。他的书法作品在日本书坛有难以撼动的地位，尤其是他的篆书，艺术境界高古博雅，惊艳四座。

为了更好地传播书法文化，研习书学、书道，今井凌雪一手创办了书道研究和书法教育的社团——"雪心会"。每次赴中国，他都会带领会员一起交流、观摩、领悟中国书法。

1994年的夏秋之际，今井趁来中国观摩学习之机，辗转找到了刘小晴，两人相聊甚欢。今井希望这位"难得的书法理论家"能给日本"雪心会"书法家会员们授一堂课，讲一讲刘先生在中国书法创作技法方面的研究心得。

那是刘小晴第一次受邀给外国同行讲课，地点在上海外滩的和平饭店。一早，和平饭店典雅的会议厅里，便坐满了东瀛的同好。刘小晴从中国书法创作的基本形态讲起，侃侃而谈，在分析技法方面，以实例佐证，鞭辟入里。这些内容，他都信手拈来。此时，他的《中国书法技法评注》《书法技法述要》均已出版，讲这样的内容，他自然如同三只手指捏螺蛳。两个小时很快就过去了，大家意犹未尽，翻译不断地鞠躬，代表学员表示感谢。

讲课结束，刘小晴和今井凌雪又作了更深入的交流。刘小晴拿出自己手书的小楷作品《洛神赋》让66岁的今井品鉴，只见他双眸流光，如同6岁孩童寻见了宝物般欣喜。今井也拿出了自己的书法作品让小晴欣赏，两人在品评中切磋，言谈投机。

刘小晴得知，今井不仅是个硕果累累的书家，荣获过日本书法界诸多有分量的奖项，而且致力于书法教育，教过的学生数以万计，成果令人瞩目。除授课外，今井还笔耕不辍，勤奋著书，写出了《今井凌雪的书道入门》《中国书迹大观》《入门书道全集》等一系列书法技法相关的著作。因为他在书学上的成就和对书道的研究推广，被西泠印社推举为名誉社员，后来还担任了浙江美术学院的客座教授、复旦大学的兼职教授等。

在对今井凌雪肃然起敬的同时，刘小晴知道，他和今井是有缘人，他正在做的和将要做的，和这位东瀛的前辈，何其相似！很自然，刘小晴接受了今井的邀约，两位书家相约，待来年，他们在今井的故乡奈良聚首，进行更深入的交流。

1995年4月，古都奈良的樱花绯云般流泻，刘小晴怀揣着一颗忐忑的心，走下了飞机舷梯。这是他第一次以一名书法家的私人身份，走出国门，开启艺术交流之路。

奈良不愧为日本国民的"精神故乡"，在这里，刘小晴不仅看到了整洁雅致的街景、彬彬有礼的市民，在今井的陪同下，还参观了诸多保存完好令人惊叹的古迹：平城京遗址、东大寺、唐昭提寺、奈良公园、法隆寺、春日神社……这些古迹或多或少都有中日文化移植、融合、衍变的痕迹，在鉴真和尚和其弟子亲手建造的唐昭提寺，恍惚中，刘小晴觉得自己仿佛踏上了时光机器，穿越到了大唐盛世……

"呦呦鹿鸣,食野之蒿。我有嘉宾,德音孔昭。"这句《诗经·小雅·鹿鸣》描绘的场景,在奈良,刘小晴似乎置身其间。那三三两两的小鹿,步态悠闲,在如茵绿草中自在栖息,而好客的今井凌雪更是把刘小晴请到了自己家中,拿出了珍爱的众多藏品让这位知音鉴赏。

从上古时代的甲骨文、青铜器,到六朝的石碑、佛像;从明代董其昌的字画,到近代吴昌硕的作品,还有中国各朝各代的瓷器、文房四宝……这位热爱中国文化的友人不仅拿出了自己的"宝物",而且还带刘小晴参观了京都、奈良等地的各类博物馆。刘小晴印象最深的是参观一所教会办的"世界民俗博物馆",来自中国的大量珍贵艺术品为这家博物馆撑着场面。刘小晴在开眼界的同时,也为来自中国藏品的质量和种类深深震撼。

不过,第一次出国,刘小晴也闹了个不大不小的笑话:日本友人安排他在宾馆下榻后,特地关照,宾馆餐厅就在大堂旁边,早餐可以在那里用。刘小晴想,在宾馆用餐一定比外面贵很多,待友人离开后,他悄悄去附近的超市买了一袋切片面包,他想,这一袋面包节约点吃,够吃三四天。

第二天,今井来接他去讲课,问:"早饭吃过吗?"答:"吃过了、吃过了。"又一天,仍答:"吃过了、饱了。"这样连续三天,直到第四天,要换地方了,面包也消灭得差不多了,一个偶然的情景让他知道,原来,早饭是包含在住宿费里的,拿上房卡就可以吃上一顿极丰盛的自助早餐,他那个懊悔呀!

当然,这次日本之行,重头戏还是书法学习交流。刘小晴除了带来自己的小楷和行书作品外,他给"雪心会"的一份厚礼是给会员们作一次题为"自学书法的体会"的演讲。

那天上午,刘小晴在今井凌雪的陪同下,早早来到报告场所,绝大多数学员竟比他来得还要早。有一些面孔,是前一年在上海和平饭店授课时见过的。

演讲开始。只见能容纳百余人听课的大学教室已座无虚席。刘小晴从自身研习书法的体会出发,从美学和哲学的角度,阐释自己的书学创作理念;他以时代的变迁与书学变化的关系,演绎中国书法技法的变与不变;他引经据典,旁征博引,落点却接地气,实用性很强。原本 11 点 30 分就该结束的课,一下讲到了 12 点,一看时间不对,他赶紧刹住,可是,学员们却表示"接着讲"。一直讲到下午 1 点 30 分,早过了应该用午餐的时间,听得眼睛都不想眨一眨的学员这才肯"放了"刘先生。

这次日本之行,日本人的守纪、在课堂上的那股认真劲儿、对老师的尊敬程度,都让刘小晴记忆犹新。而学员作品中流溢的自然美和对"人之心性"的追求,师古意,而非师其貌,取法而不取其形的特点,给刘小晴留下极深的印象。

后来,刘小晴的讲学内容,被节选发表于日本《书苑》杂志上。

出访日本，在唐招提寺留影

这以后，因为各种机缘，刘小晴又多次东渡日本，或以书会友，或举办作品展，在20世纪八九十年代频频开展的国际书学交流中，他去日本、韩国、新加坡交流，也去过加拿大、美国，以及南美、欧洲等地参展访问，但近邻日本是他去得最多的国家。

从《论"气"》到论进士书法

与今井凌雪惺惺相惜的同时，在国内，刘小晴与另一个日本友人也交流频密，她就是上野女士。

上野女士也是"中国通"，她是"雪心会"派驻上海的会员代表。她热爱中国文化，能成为常驻中国会员代表，她很是骄傲。选址复旦大学作为驻地，就是因为校园内安静又浓郁的学术氛围更适合交流学习和钻研书法艺术。上海的《书法》杂志自然是她的必读期刊，因此，未曾谋面，她却早就对刘小晴的书艺莫逆于心。

当时，在复旦大学攻读文艺学博士学位的书法家赵伟平（笔名白鹤），因为学术交往，与上野相识，上海大学的书法教授张国宏，是赵伟平的同事，他们都与刘小晴交好年久，一来二去，四个同道人，渐渐有了一个共同的心愿：让中日书法学术交流常态化、规律化。在上野女士的提议下，几经努力，中日民间书法交流社团——"中日书法研究会"正式成立了。这之后，作为核心成员，刘小晴的书法研究文章，更频繁地在研究会的会刊《雪心》和《新书鉴》上发表。

上野年纪比刘小晴他们三个都长，因潜心文化研究，洁身自好，终生不嫁。她为人谨慎、礼数周全，一般情况下，不会主动问一些她认为不该问的。刘小晴是个谦谦君子，平时言语也不多，因此，刚开始交往，两个人都客气有加。体育学院和复旦大学离得近,刘小晴平时上下班路过五角场,顺道探望上野。次数多了,上野和刘小晴也就熟了,交流起来随意了很多。应上野的请求,刘小晴多次借与各地书法界学术交流之便,邀请上野一道参观学习,也曾专程陪同上野去四川、安徽等地参观探寻,与中国各地书家书友交流,让上野极为感动。

刘小晴和上野熟悉了之后,她经常问这问那。一次,她又向刘小晴"请教"了:

"你们中国人讲的'气'是什么意思? 我们日本人说的'气',是呼吸之气,你们中国人说书法中有'气',我很难理解。"

这个"中国通",中国话虽说得溜,但看来,真要吃透精深的汉学,到底还差了一点。

刘小晴跟上野解释了一通,发现她似乎还是似懂非懂。回去后,他觉得,"气"是中国书法的重要"脉象",于中国书法意义非常,自己何不以此为题,把脉点穴,撰写文章,给广大书学爱好者以引导,也可抛砖引玉,引方家律言。于是,展卷疾书,他连夜赶出了一篇文章,标题为《论"气"》。文中,他从孟子"我擅养吾浩然之气"入题,论人之品格心性;再从中医学角度,讲述"气乃血之率,气盈则血盈"的自然医理。他以中国传统文化作为背景,谈书法中的"气"。将胸中意味,洋洋洒洒,由表及里和盘托出:

……

"气"这一概念在历史的进程中又逐渐被移植到传统文化的土壤之中,即由宇宙生命本源意义和人体生理功能上的"气"演变为艺术生命本体意义的"气",这是一个重大的转变,而这种转变是以哲学和人物品评为滥觞的。

……

在中国古代哲学上的"气"又与"势"相提并论,气即是势,是一种不以人的意志为转移的总体趋向和自然规律……"形"与"势"之间有着不可分割的姻缘关系,正如蒋衡《拙存堂题跋》中谓:"夫书,必先意足,一气旋转,无论真草,自然灵动,若逐笔安顿,虽工必呆。"……

由此可见,"形"与"势"构成了书法艺术中一对相辅相成的矛盾。"形"是有形的物质;"势"是无形的功能,一虚一实,互为表里,是缺一不可的。……

这篇文章后来不仅在《书法》杂志上刊登,而且被日本的《书苑》杂志转载,引来业界好评如潮。

《书苑》杂志曾以册页的形式刊登过中国古代进士的书法作品,上野对这个册页视如珍宝,收藏在匣。她得知刘小晴手中并无这张册页后,便小心翼翼地拿出来,供刘小晴欣赏。

刘小晴之前研读过几位进士的小楷，但看到这个册页，仍然为之一振。由此，引发了他对研究中国历代进士小楷的兴趣。

中国自隋朝文帝开创科举制度以来，历经唐宋元明清几个朝代，历朝历代科举制下产生的进士人数众多。科举场上承载策论、诗赋等辞章的书法用体，统一为楷体，因为楷体具有规整、严谨、不易辨别个性的特点。作为时代的文化精英，进士们的楷书常常与诗赋文章相得益彰。

但古代进士的书法作品，一直少有人关注。长期以来，书法界都把研究学习的重点，放在了书体及它们的代表人物、代表作品上。对某个群体的书法，某个群体在某个场合的书作，少有研究。楷、隶、行、草四大书法体中，楷书虽是基础，但人们对它的关注，反而最少。

刘小晴仔细研读这些进士的书法，由衷发出感叹。楷书是科举场上展示个人才华的载体，它必定是历朝历代所有读书人最为注重、训练最多，最能展示"童子功"的书法体！历朝历代的楷书虽大体一致，但时局不同、朝代不同，个人和时代审美趣味的变化，也折射在楷书书法上。

研究进士的楷书书法，其实非常不讨巧。彼时的书法界，较刚刚改革开放时期，大有繁荣之相，各种书体、流派百花齐放。上海书法界人才济济，一派盛景。当时，刘小晴老师辈的沙孟海、赵朴初、翁闿运、赵冷月、任政、胡问遂、章汝奭等等，似书界的定海神针，又如同陈年老酒，人书俱老，愈陈愈香；而书艺渐趋成熟，且日显师长风范，和刘小晴同辈的，人数众多，灿若潮去后沙滩上的珍贝，正熠熠发光；年轻一代研读书法的后生，也开始崭露头角。那些喜爱书法的人群，更是庞大，只要看一看社会各类书法培训机构的火爆场景，就可窥见一斑。

在这样一个大环境下，理论学术研究在书法界虽然也有人在搞，但更多的人把目光放在了作品创作上。一种普遍的倾向是，"创新"才是创作的最高、最终追求。也因此，很多人对习书的必由之路——先楷书后行草的规律置之不理，不重视点画、横竖的规范训练，认为书楷书无个性，无创意，是书法创作的"下里巴人"。

刘小晴以一贯的严谨学风钻研起进士书法来。为弄清科举场上进士们的小楷书法，他把历朝历代能查阅到的进士，他们的生平、人生的各种遭际、书法的来龙去脉等，尽力查明。

中国科举场上使用的书体，历来讲究方正、工整，但各朝代对它的重视和规范程度各有不同。这种方正、乌黑、齐平的书体，现统称"馆阁体"，但它有一个衍变的过程。

"馆阁"之称起于五代，梁迁都汴，设昭文、集贤、史馆，称之"三馆"。到宋朝太宗时期,"三馆"合并,赐名崇文院,但内部仍分三馆,藏书万余卷,另设秘阁。后三馆与秘阁合二为一,史称"馆阁"。"馆阁体"在宋代时称"元体",大概取"元"之初始、发轫之意,指一切书体的基石。

"馆阁体"流行于明代,在科举招募中倍受重视。应试者要按规定的文本格律答题,字体统一为楷书。入仕后书写奏折、公文等文书,小楷是首选。对读书人来说,写小楷是当时不可或缺的技能。一手漂亮的小楷,能为官宦赢得官场加分。据说当年的董其昌,因为没有把"馆阁体"写好,才在科举考试中落第,后来勤学苦练楷书,博采众长,才成了一代书法大家。

"台阁体"是明代对"馆阁体"的别称。"台阁"本指尚书一职,指代官府,可见"台阁体"即指官场用的文书字体。

清代是"馆阁体"的兴盛年代,这与科举殿试和官场书法用字的严苛不无关系。考试时,不仅要求字迹清晰规范,不能有涂改勾画,也不能用异体字形,如果违反这个规定,应试将被取消资格,若是已宦官员,将会受到处理。在这种高压气氛下,清代的"馆阁体"形成了更加严格统一的用法,也因为这种字体往往与俸禄相关,在清代,馆阁体又称"干禄书",有追求俸禄之意。(以上内容参考了王书广《我对馆阁及馆阁体的浅见》——作者注)

从楷书被称为"馆阁体""台阁体"或者"干禄书"等称谓上不难看出,历朝历代人们对这种基础书体的定位是:官场等正规场合用字,规整、易认,但难免刻板、拘谨。

正因如此,"馆阁体"这一术语,在书法品评时往往带有贬义倾向。刘小晴承认楷书有其局限性,但是,他更多地看到了楷书具有其他书体不具备的特性——它匀称、端庄、大方、规范,最具文字的实用价值。在艺术性上,也大有可圈可点之处。譬如明嘉靖时期吴门书法中,以祝允明、文征明、王宠等人为代表的书家,可以把小楷写得或精谨精妙、法度严谨,或婉转秀润、意态生动,颇有晋唐风致。

从"馆阁体"的时代变迁,还可窥见不同时代的风气:明初期士大夫中盛行清玩风气和帖学之时,楷书以纤巧秀丽为风尚;明中期,翰林院和文渊阁的官员受宠,他们的书体以姿媚匀整为主流,这时的楷书,流丽姿媚盛行。而更多官场碌碌之辈,为求干禄,虽尽力摹习,却只学到了横平竖直,拘谨干枯,难免缺乏生气和个人风格。

对刘小晴来说,他写《清代进士书法与馆阁体》,不仅是研读《书苑》杂志后的思索,是与书界朋友的坦诚交流,更是向书法界表明一种态度——楷书是书法艺术不可或缺的重要组成部分,它是书学的必经之路,是其他书体的基础。它有共性,但同样不缺乏个性美。有规矩,才有法度。只有认认真真练好楷书,悟出其妙,才能去往更高的书法境界。因此,绝不能将"馆阁体"一棍子打死。

这在 1980 年代中后期乱花渐欲迷人眼的书法界,不啻是一记警钟。

钟情楷书

从1980年代中后期到1990年代末,这短短的十几年中,由刘小晴执笔编著的书法基础理论著作出版了多部。除了上述具有开篇意义的两部大作外,还有《书法艺术的创作与欣赏》《行书基础知识》《小楷技法指南》等等。至于与人合著出版的理论书及书法字帖,合计更多达十几种。几乎每本书出版,都会引起市场瞩目,甚至引爆一次抢购潮。他的论述,不仅为书家拜读、书法爱好者收藏,而且还成为大专院校很多专业教师的必备参考书,有些教师,干脆直接拿来当教材。他的多本著述,被上海市成人教育协会评为"优秀教材"。

刘小晴部分著作手稿

这一时期,他的书法作品也日臻成熟。1989年,刘小晴在同事、朋友的劝说下(他本人不看重各类赛事和奖项),向第四届全国书法篆刻作品展送去了自己的一幅长约六尺的大楷作品。全国书法篆刻作品展在书法界有"国展"之誉,是书法界的"奥林匹克",参展作品代表着中国书法界的最高水平。从全国几万件应征作品中脱颖而出,被筛选参展,在当时,对每个书法家来说,都无上光荣。刘小晴作品的参展,无疑是一种无声的赞誉。1992年,第五届全国书法篆刻作品展上,刘小晴又送去了自己的小楷作品,毫无悬念,再次入选。

现在,刘小晴总可以歇一口气了吧!四十不惑,功成名就,谈笑有鸿儒,往来均同好。可刘小晴还是那个"赤脚医生"年代,在宝山乡下顶着成群蚊子挑灯夜战的书法热爱者。不,现在应该叫他书法艺术死忠者、附体者。

只是场景转换到了上海书画出版社,以及,所有有条件坐下来读书、写字的地方。

沈培方是当年刘小晴在宝山行医时的故交,刘小晴长沈培方十来岁,出道也早一些。在1970年代初期朵云轩组织的"工农兵书法小组"书法通讯员中,他俩作为农村代表,交流颇密。沈培方还清晰地记得,隆冬时节,朵云轩三楼木结构的房子里,没有任何取暖设备,大家手脚冰凉,身体冻得发抖,刘小晴却稳若泰山,写字、读帖。看到好字好帖,还借回家用土办法自己复刻晒图。有时候搞学员内部展览,大家都很兴奋,但刘小晴却很沉得住气,他会真诚鼓励沈培方:"你的字很有才气,好好写,将来你会有出头日子的!"后来,他们做了同事,在同一间办公室工作,中午时分,众人下棋打牌,小晴却总是叼着一根烟,在一旁不停地写。"我也过去看看,他只管自己专注地写字。"因为和沈培方熟,小晴写了一会儿,会转过头来对沈培方又激励又自嘲地言语一句:"没有才气的人穷写,有才气的人不写。"

张伟生,上海书法家协会现任副主席,也是小晴多年的同事。他们有多次一起出差的经历。第一次和小晴出差同屋,张伟生颇为惊讶:"他的包里带着文房四宝,每天早上很早就起床,在旅馆里写字,写得专注而投入,香烟灰掉在纸上也不管。"

这以后每次出差,都是这情景。张伟生也才知道,小晴的这个习惯,绵延数十年,写字,已经根植于刘小晴的身体和生活中,几乎与他的生命息息相关了。

写得最多的,仍是楷书。

一方面,刘小晴一直记得钱瘦铁、胡问遂、应野平这些良师的教诲,恩师们都推崇晋唐楷法。钱瘦铁先生将三国时期的钟繇书体,作为楷法之祖,启蒙小晴,让他反复临习,领悟要旨;胡问遂先生让小晴在临写欧阳询的基础上,通临褚遂良《雁塔圣教序》和颜真卿的碑帖,稳扎稳打,苦练内功。老师们都将这种"形体方正,笔画平直,可作楷模"的字体奉为上尊,这使小晴领悟到,楷书就是筋骨和肌肉,只有练好它,才可能在书法世界里自由翱翔。因此,他尤为重视楷法的训练和学习。

另一方面,在长久的耳鬓厮磨中,小晴确实对楷书,尤其是小楷情有独钟。他平时练习,写得最多的是小楷,刚开始,连自己都以为是为了"节约和方便"。"文革"时期,宣纸0.11元一张,根本用不起。老师钱瘦铁没钱买纸,不也把字写在香烟纸上嘛!最便宜的毛边纸当时0.45元100张,但当时工资只有11.5元每月,后来加了点,也不过三十多元,1990年代后工资有所增加,但仍属杯水车薪,且习惯已成。再说以小晴的练习量,每天不都要消耗几十张?何况小晴写字、看书属于见缝插针型,字写大了,摊开的地方都没有;小晴心性安静,恣意挥毫,似乎也多有不妥。

后来,他发现哪怕剔除"节约"的因素,他还是不由自主地喜爱小楷。那字体乍看,似乎四平八稳,但上好的字,再看,则全然另一番光景:虽是小字,但布局结构却比大字来得宽绰;和行、草、隶、篆这些书体比,疏朗简爽,韵律十足;和行书草书比,结构正,但点画、运笔、起笔和收笔,也都有变化,张弛有度生动和谐;和篆隶相较,取势与

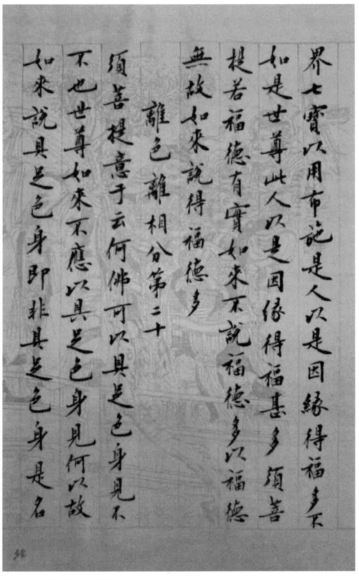

界七寶以用布施是人以是因緣得福多不
如是世尊此人以是因緣得福甚多須菩
提若福德有實如來不說福德多以福德
無故如來說得福德多

離色離相分第二十

須菩提意于云何佛可以具足色身見不
不也世尊如來不應以具足色身見何以故
如來說具足色身即非具足色身是名

刘小晴小楷作品《金刚经》

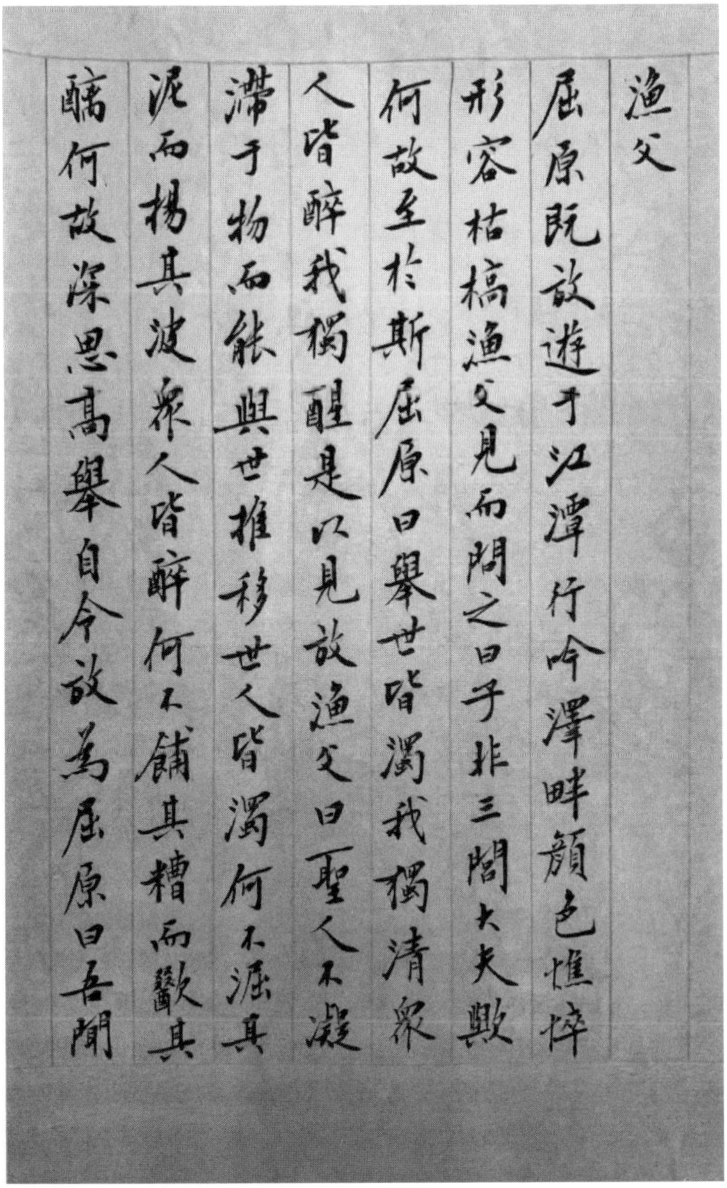

渔父

屈原既放遊于江潭行吟澤畔顏色憔悴

形容枯槁漁父見而問之曰子非三閭大夫歟

何故至於斯屈原曰舉世皆濁我獨清眾

人皆醉我獨醒是以見放漁父曰聖人不凝

滯于物而能與世推移世人皆濁何不淈其

泥而揚其波眾人皆醉何不餔其糟而歠其

醨何故深思高舉自令故為屈原曰吾聞

刘小晴小楷作品《渔父》

刘小晴楷书作品《沁园春·雪》

刘小晴楷书作品《望海潮》

刘小晴小楷扇面《兰亭序》

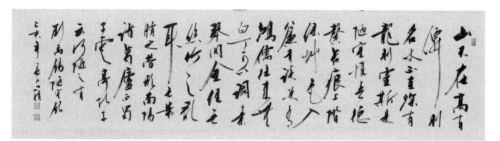

刘小晴行书作品《陋室铭》

刘小晴楷书作品《般若波罗蜜多心经》

刘小晴小楷作品《宋米元章西园雅集图记》

两者相同,但在点画、起笔、运笔、折笔和收笔方面,显然又比两者有了更多的变化和自由度,显得简雅灵动。

如果要从具体的书风上讲,则更有说头。不仅时代的变迁影响书风,或者说从形体变化上可推知风尚美学的衍变,而且从地域上,也能明显感受到南北之迥异:北书刚强恣意,南书蕴藉秀雅。至于书家个人,因习性、悟性、造诣、环境之不同,也大有分别:钟繇的古雅浑朴、圆润遒劲;王羲之的细腻遒健、平和委婉;欧阳询的刚劲峻拔,褚遂良的疏瘦劲练,以及赵孟頫的返璞朗逸……对这些楷书大家的作品,别人看过、欣赏过,或者热爱者也背诵过、记忆过,而刘小晴呢,在长久的历练中,他的脑海中已自动生成了一架高倍数码相机,对这些古人的碑帖、手迹、书论,每一个细节,都自动储存、放大,随时调用,再缩小、放大。他觉得那些楷书作品变幻无穷,美妙绝伦。这些小楷,也与自己的美学个性吻合:守正,不事张扬,却慧雅有内蕴。潜移默化、耳濡目染中,他认定自己将在浩瀚的书海中,以楷书为舟楫,寻找、开拓自己的绿洲。

在这一过程中,古人的书论、他自己编撰的那些书法理论著作的论点论据,不知不觉,也指导了他的实践。实践又反过来反哺理论,书法的实践和理论像一对强劲的翅膀,助他在书法艺术深广的天空腾飞。

然而,要真正写好楷书,谈何容易!刘小晴在《学楷书,有六难》一文中,谈了自己的体会:

> 要写好楷书,不是易事,究其原因,有六大难处:
>
> 一曰楷书以平正为善,此世俗之论,馆阁之失也。……妙在于平正中寓险绝之姿态,正而不板,奇而不怪……有胆有识,方可臻此境界……
>
> 二曰楷书不难于齐整,而难在于参差错落中求齐整……
>
> 三曰楷书虽以静为主,但妙在静中寓动……
>
> 四曰楷书要力求点画外形挺拔完美,但妙在内在之质感……
>
> 五曰楷书用笔当以沉着为主,沉着不浮,又贵在虚灵,虚灵则不板……
>
> 六曰楷书妙在得古人笔意,又贵在展自己之风神……

在文末,刘小晴如此表述:

> 以上六难,须穷一生精力,全身心赴之。若天能怜我,假我以时日,余当知难而上,旁通篆隶以求其质,流溢草书以把其气,或能百尺竿头更上层楼。……

所谓爱之深,知之切,刘小晴深知楷书的领域是一个再怎么深耕都不为多的地方,他总也不倦,总是知难而上,也因此,他的楷书赢得了书法界的一致好评。

　　收藏鉴赏界资深专家祝君波先生曾撰长文,专门对刘小晴的书法艺术进行评析:

　　　　他在楷书方面成就极高,为世界公认。他的楷书,一是合乎法度,极有来处。书法不是无源之水,无本之木,刘小晴深悟其道,极其重视从古人传统中汲取养分。他早年由欧体入门,后又遍临褚遂良、赵孟頫、钟繇、黄道周等名家,直到对每一家的特色领悟并能融会贯通为止。他的楷书,一点一画,落笔运笔,深得古意,十分严谨。时至今日,每件作品点画、结构都极为过硬,几百、上千字的作品也能做到通篇首尾一致,一丝不苟。二是用笔刚健,力透纸背,功力扎实。这是时下书坛特别缺乏的作风。经过几十年的临习和创作,他的楷书已到了炉火纯青的地步,每个落笔,似有千钧之力,每个字都渗入纸内,墨色沉稳,淋漓尽致。三是风格雄健而不失秀逸,端庄而不失灵动,刚柔相济,达到了很高的境界。大凡写楷书容易有"板结"的痕迹,缺乏个性,而"刘体"恰恰相反,经过几十年传承古人又加以不断重新,达到了秀股天成的境界,读来无不令人赏心悦目。四是他的小楷尤富功力,以小见大,于细微处见精神,于整篇中显书卷气,在当代书家中堪称一绝。观他的小楷,点画勾剔,运笔往来,笔笔有交待,无一丝一毫的懈怠。他的小楷有唐人遗风,在当代中国已极为鲜见:看字,秀润端庄,字字如珠玑;开卷,首尾如一,充满古意和文人气息。加上他善以古诗文为内容,更是每件作品显得意趣盎然,令人爱不释手。

　　祝君波先生早年曾在上海书画出版社任社长,是上海朵云轩拍卖公司的创办人,长期浸淫于艺术品收藏领域,他的评析,专业、公允,业界一致首肯。

　　"刘老师楷书好,我觉得几十年如一日的用功是一方面,另一方面是他把古人关于技法方面的理论研究得很透,不仅透,他还自己去实践了。"孙稼阜,这位上海书画出版社的青年编辑,《书法》杂志的现任副主编,在刘小晴退休后,曾整理刘小晴从1970年代到1990年代的书法学术笔记,他在阅读了大量笔记后,深深叹服刘小晴的理论和实践功夫。

　　佳作频频,书论、书艺日臻成熟,名声日隆。1998年9月,早已是中国书法家协会学术委员会委员的刘小晴,在上海书法家协会第四次会员大会上,被选举为上海书法家协会理事,2005年11月,又全票通过增补为协会副主席。

　　成为上海书协副主席后,海派国画大师程十发如此撰文表达欣慰之情:

刘君小晴书家在耳顺之年,当选上海书法家协会的副主席,这迟到的头衔,对刘小晴来说,只是荣誉而已。其实,他的书法在众多书法家及爱好者心中早已是有口皆碑。

赠克林顿"积健为雄"

1998 年 6 月 25 日,美国总统克林顿抵达西安,开始对中国进行为期 9 天的正式访问,这是他入住白宫五年之后第一次访问中国,也是 1989 年 2 月布什访华以来,美国在任总统首次访华。国家元首 9 天时间,穿梭于同一个国家访问,这在世界外交活动中,是罕见的个案。

中美两国对克林顿访华都非常重视,美国方面派出了堪称"豪华"的随行团,随机人员除了总统一家三口、内阁成员、国会议员、代表团高级成员共 47 人外,还有几百个采访记者及安保等其他工作人员,总数千余人,单从人数上讲,就超过了历次美国总统访华规模。

6 月 29 日晚,带着西安、北京两地的访问成果,克林顿一行来到了东方之都上海。30 日的日程也是排得满满当当。上午,在上海人民广播电台的直播节目《市民与社会》栏目担当嘉宾,下午去豫园旅游区进行私人性质的访问。

30 日 13 时 30 分,克林顿总统的车队准时出现在了上海豫园旅游区。车队自旧校场路百翎路口驶入豫园旅游区,到绿波廊酒楼门口停车,克林顿夫妇、女儿、岳母及其他随行的贴身人员一同上三楼进午餐。餐毕,14 时 45 分。

就在克林顿一家在绿波廊酒楼三楼享用枣泥糕、桂花拉糕、小笼包、萝卜丝酥饼等美味时,由上海市政府精心遴选出的艺术家、民间工艺大师等一干人马,已经在豫园的内园——静观大厅摆开了展示技艺的阵势。豫园旅游区常年都有书法、国画、内壶画、剪纸、刺绣、面人以及其他富有地方色彩的民间工艺品现场创作展示,为向这位重要的客人展示博大精深的中国文化艺术,上海市人民政府特地委托豫园商城,将上海市优秀的艺术家代表组织到豫园,集中摆出展台,在此表演绝技。

这是个高温日,正午不到,气温就蹿过了 35℃,即便静坐不动也会汗流浃背。刘小晴也在等候的一干艺术家当中。天虽热,但他心却很静。

此前,他接到市里的任务,让他代表上海的书法家接待重要外宾。书画方面上海选了两个人,一个是美术家詹仁左,一个就是书法家刘小晴了。詹仁左刘小晴认识,他是上海交通大学的美术教授,海派写意花鸟画家,擅画牡丹,在美术界很有些影响。刘小晴的具体职责是给来访的外宾现场演示书法技艺,这是一件体面又责任重大的任务。

6月30日上午9时许，刘小晴骑着助动车到了豫园外的人民路。他将车停在实行交通管制的区域外，提着装有笔墨的手提包步行进豫园。

通往豫园中心区域的各条弄堂居民与商贩杂处，平日里各种小商小贩都早早摆出了摊位，原住居民也十有八九做小生意，白天任何时候都热闹杂沓。但这一天老城厢却突然安静起来，像是屏住了呼吸，等待一个巨大的礼包从天而降。

狼狗也出动了，一脸严肃全副武装的安全人员并没有因为刘小晴有通行证，而放松检查。

因早就知道克林顿会在午饭后才到，组织方给每位工作人员和嘉宾发了矿泉水、面包当作午饭。刘小晴领了"定食"，便走到指定的位置，安静地看书、练字。

克林顿下午3点多才到的静观大厅。这比原先预设的要晚了很多。总统大人被绿波廊的美味佳肴和特色小吃吸引，原计划20来分钟的就餐时间，被延长到了一个小时，而豫园美妙的江南园林景观，也让他意兴盎然，步履盘桓。

静观大厅里，各类精美的工艺品琳琅满目，工艺大师、艺术家都以饱满的精神状态迎接贵客。走进大厅，克林顿和女儿切尔西就表现了浓厚的兴趣。他们看到画家詹仁左在画牡丹，就站立一旁仔细观看，还攀谈了几句。詹仁左给父女俩各送了一幅牡丹图。

踱步到刘小晴的展位时，早有准备的刘小晴调墨濡笔，准备题写。显然，克林顿对中国书法和文字都比较陌生，他很专注地看书法家挥毫，刘小晴用行楷写了"积健为雄"四个字，克林顿侧身问陪同人员是什么意思。随从解释说，这是中国古代的一位大文人说过的话，大意是只有实实在在、奋发向上，才能达到一定的境界和功力。克林顿听后礼貌地和刘小晴交谈了几句，说他喜欢中国文化，读过关于老子、庄子的书。

刘小晴将写好的行楷递给克林顿，克林顿微笑着和刘小晴一起展卷，摄影师抓住机会，"咔嚓"，一张富有纪念意义的照片定格：总统克林顿在左，书法家刘小晴靠右，"积健为雄"条幅居中，大家笑容满面。镜头的后方，切尔西乐得合不拢嘴。

"积健为雄"四个字，出自晚唐诗论家司空图的《二十四诗品》。在书中，他把诗歌的艺术表现手法分为雄浑、含蓄、清奇、自然、洗练等二十四种风格，其中"大用外腓，真体内充。反虚入浑，积健为雄"中的"雄"是第一风格，在这个句子中，司空图借用了老子和庄子的道家思想表述诗歌能够达到的高度，大意是，通过某种长期的积累、充实，才可置身艺术的自由之境，达到一种恢宏、雄健的胜境。

刘小晴选择写四个行楷字送克林顿，事先经过了一番考虑。一方面，四字横幅比较大气，他擅写楷书，若写正楷，在热闹环境下平心静气书写对他不是问题，但书写时

刘小晴作为上海书法家代表接待时任美国总统克林顿一行

刘小晴携手书作品"积健为雄"与克林顿合影

间会略长,在时间有限的情况下,灵动的行楷更合适;另一方面,这四个字,蕴含中国古代深厚的哲学思想,虽是谈艺,实则道出了东方哲学的进阶观,既表达了自己的心志,又具有普世价值,他觉得很适合展示给美国总统。在克林顿到访之前,刘小晴将准备书写的这四个字报外事部门后,很快得到了赞许。

书写"积健为雄"四个字在刘小晴的书法艺术生涯中,实在算不得什么,但是,因为是最高规格、有里程碑意义的外事接待,有丰富的寓意在内,外界对此事的关注,远比刘小晴本人看得重多了。

第六章

解惑　授业　传道

从20世纪70年代末开始至今,刘小晴从没有间断过书法教育。他授业解惑,提携人才,身体力行,传扬中华优秀传统文化中的书法精神。

早期日教师

刘小晴名声日隆,已经成为上海书法界的"大咖",提到他,人们就会把他与行楷名家、书法理论家直接挂钩。但是,很多人并不知道,其实,刘小晴在上海书法界另一个身体力行、影响深远的工作,是书法教育。这项工作丝毫不逊前两者。其起步的时间、影响的范围、取得的成果,在某种程度上甚至超越了前两者,有人因此要称他为"书法教育家"。当然,听此称谓,他一定正言:"我充其量是教育工作者。""者"字还特别加了重音。

1978年12月,建国以来具有深远历史意义的十一届三中全会召开,这次会议不仅在思想政治上拨乱反正,不再以"阶级斗争为纲",而且还做出"把党和国家的工作重心转移到经济建设上来,实行改革开放"的伟大决策。在这样的大背景下,尊重知识、尊重人才的氛围日渐浓郁,人们追求文化知识的热情高涨。

因为在重要的期刊上发表过作品,又出版过毛笔字帖,很多教育机构都主动找上门来请刘小晴上课。他白天是医生,晚上或者礼拜天,则是一位教授书法的老师。

他的第一份兼职,没有离开他的老土地——宝山刘行。另一份早期的书法教学工作,是在华东师范大学夜大。已记不得具体的时间了,但第一次上课的情形和心情,历历在目:面对一张张比自己更年轻的脸庞,兴奋,却也微微有些紧张。

他不善长篇大论,但擅长做示范。而且一讲解到点画、笔墨、结构,就像是遇到了知根知底的老朋友,一下就放松了。他的课,往往结合历史背景、人物际遇、掌故来历讲,有趣有理,理论实践一个都不缺。那些报名学书法的学生,听得十分满足。刘小晴自己也十分享受这种传播与交流古老书法艺术的方式,他的书法教学生涯由此开启,从此义无反顾,一发不可收。

1980 年代，刘小晴给学生上书法课

马饮冰，当年宝山刘行业余书法班的学员，现在是上海书画院签约画师、宝山区书法家协会副主席。2016 年岁末临近退休时，他举办了一个颇有规模和质量的个人书法展，获得了业界的赞赏。

当年的他，还是一个愣头小伙，因为工作关系，想学习书法，听了刘小晴的课后，兴趣大增，成了刘小晴的铁杆学员，从此几十年跟定老师。为活学活用，当年他还组织了宝山的一批中小学教师，成立"钢笔字教学协作组"，在中小学推广书法教育。一段时期，宝山区的书法教育搞得有声有色，马饮冰自己带教的学生也在全国青少年书法大展中数度载誉。"可以毫不夸张地说，刘小晴先生的书法教育，影响了几代书法人。"这不仅是马饮冰的心声，也是许多学生的肺腑之言。

也是在这一时期，当时还在上海市总工会工作的郑梅立，因总工会组织巡回医疗，认识了刘小晴，刚开始，她并不知道刘小晴医生以外的身份，后经同事介绍，才知这还是一位年轻的书坛"新星"。因为工作关系，郑梅立会写些标语，丈夫和儿子对书法也都有浓厚的兴趣。得知这位大姐对书法有兴趣，刘小晴慷慨挥毫，写了一副对联给郑梅立，巡回医疗结束后，郑梅立回到市区的家，把刘小晴送的对联装裱后喜滋滋地挂上了自家墙上。几次搬家，她和丈夫总是把家中最显眼的位置，留给这幅字。但他们与刘小晴从此再没有联系过。没想到，这副对联日后成了刘小晴的"卖身契"。

给学生喝"好奶"

1980 年代，从"十年动乱"走出来的人们，求知若渴。各类业余大学、夜大学、函授大学红火异常。1988 年，中国书画函授大学在上海设立分校，年届退休的郑梅立机缘巧合，成了这所名为"上海中国书画专修学院"的校长。1989 年开班招生简讯一出，书法兴趣班名额就报满了。师资有限,专业过硬的书法老师郑梅立没认识几个。有生源没师资,民办大学就做不长、做不强。一连几天,郑梅立都为此事烦恼。那天晚上,郑梅立吃着饭想着这事,一抬头,看到了墙上的那副对联,嗨! 这写对联的刘小晴,不就是现成的老师嘛!

当时电话不普及,也没有其他联系方式,郑梅立只能辗转托熟人捎口信给刘小晴,结果,在下一个休息日,下了班的刘小晴出现在了位于闸北的上海中国书画专修学院的校长办公室里。

从 1992 年起,刘小晴成了这所民办大学的骨干教师。他带教的班级,从开始的书法兴趣班,到后来陆续开出教育部认可的大专、本科学历班,一直是这所学校上座率最高的班级。

书法班的招生名额总是很快就报满,没报上名的,甘愿"旁听"。羽菡,某杂志编辑,便是这样一位旁听生。2008 年 3 月,她托了朋友,总算获得"旁听"的机会。带着兴奋,她详细记录了自己第一次聆听老师上课的经历:

> 先生上课喜欢引经据典,有时还专门核实典籍,他把先贤言论读一遍,板书一遍,讲解一遍,似乎还不够,就来个生动的比喻,学员们便在比喻里笑几声。
>
> 我这个旁听生也享受到了正规学员的待遇,不但见到了先生书写楷书的运笔过程,还得到了先生的指点。

羽菡坐在教室中间的位置,她清晰地看到刘小晴手中的一沓讲稿,上面写得密密匝匝。书法教育历来没有通用教材,显然,这个讲稿就是刘小晴自制的教材之一。刘小晴开始在黑板上一遍遍演示横画的运笔过程,此时,一本刘小晴楷书墨迹正好传到羽菡手里,她当即临写起来,连下课都没注意到。突然,她耳边响起了一个声音:

"我说过很多遍了,不要写我的字。"语气很严肃。原来是刘小晴走到了课桌旁。羽菡这样记录:

> "这学期我们只研究点画,你从点画写起。"这是刘老师对我说的第二句话,语气很坚定。
>
> "第一口奶要吃好。"第三句话,语气很诚恳。
>
> "你的墨汁怎么放在左边?"说着,他把墨汁移到了右上角。然后,坐了下来,指端贴管,食指高高抬起,压住笔管,中指上节像一把铁钩,牢牢钩住笔管,这是著名的"刘氏执笔法"。
>
> 先生执笔端坐写起了横,运笔舒缓,中锋行笔,锋藏画中,逆势挫动,锋

面与纸面产生一种对抗、相争、摩擦,力透纸背,画势上平而下呈拱状,像一只覆舟。我利用靠窗的有利地形,把先生写的横画映日观之,阳光下我清晰地见着一缕墨痕。呀,这一缕墨痕,不就是先生称之为"骨"的东西嘛,而"骨"之左右、上下,那便是肉了。

要蘸墨了,先生看到我手中的笔饱蘸墨汁,便说:"用笔着墨,不要超过三分,笔头上蘸点就好。若一下蘸太多,可在废纸上吸去后再蘸点。"说着,认真地示范了一遍。先生说:"小楷用墨中有一种很高级的境界,即枯中有浓,燥中见润的墨法,当以中锋为前提,以笔力为基础,以气势为后盾,在笔酣墨饱时,加上速度,副毫与纸面的摩擦,以及纸张的性能和沉着顿挫的笔调,这种干渴之笔,产生的综合效果,如干裂秋风,润寒春雨,苍润之气欲吐,有天成之妙,在楷书中尤见神采。"

……

课堂上,刘小晴一遍遍辅导每位学生,勘正每个笔画,对紧要的部分细致地指点、示范,也指出一些学员写字的弊病,对个别学员流露出的得意,则严加批评。

这样的授课,怎能不吸引真正想学书法的人? 期期满额超员自然在情理之中。往往兴趣班结束,对书法兴趣越来越浓的同学冲着刘小晴,再报一期,又冲着这位老师,攻读大专班、本科班。甚至结业了,再"蹭"几次、几期课。

刘力群就是这样一位学生。谈起十几年前跟先生学书法的事,他历历在目:"我从小就学书法了,之前跟过不同的老师,这些老师都是书法界很了得的人。但不知怎么,我的进步总是不大,所以非常苦闷。跟了刘老师后,第一节课,就有豁然开朗的感觉。说实话,当时的我,年轻狂妄,啥人都看不上眼,唯独对先生,那真是服帖。他上课有趣,条理清晰,有理论有实践,强调书法的'规矩',非常适合我。"

这位"有点狂"的学生,彼时是华山美校的专业教师,在书画进修学院的真实身份是老师,家中长辈也有人舞文弄墨,"有点狂"也在情理之中。但刘小晴的课,他却总是早早地抢坐在前排,毕恭毕敬。

"先生肚子里有'好东西',字写得好,理论水平也高,又善于教学,有文有质,非常了得。"

刘力群悟出来,以前自己之所以有找不着北的感觉,是因为摸不到自己的命门,虽跟着名师学,但练来练去,只能学到皮毛。通过刘老师的点拨,他理解了写字与个人的心性、修养相关,从自己的个性出发,他该在楷书上多下功夫。

几次课上下来,休息时,刘力群壮着胆子问:"先生,我能否上门求教?"

"没问题,我随时随地欢迎。"

本做好吃闭门羹准备的刘力群,心花怒放。"如果先生拒绝,那也很正常,虽然他不像别的名人有架子，但毕竟，他的工作负荷很大，哪有多余的时间？"

后来才知，刘小晴其实早就注意到这位学生了。"我和师母熟了后，她告诉我，先生有次回到家，很兴奋地告诉师母，班里来了个又是学生又是老师的人，真是个书法的好苗子。"

那时的刘力群并不了解，他的先生是那种不懂拒绝他人的人，不管是谁，只要求上门来，他都不会给人冷脸。当然更不会拒绝一个求学的学生，只要求学，无论什么人，他总是很高兴，一视同仁诚诚恳恳地指点。

认真仔细评点学员作品

按照老师的指点，这棵"苗子"心摹手追沉下心来临帖、研习，尤其对唐楷碑帖重点攻读，二十几年过去，如今"苗子"已经多次举办个人书法展，有书法作品集问世，身兼上海市书法家协会理事、楷书专业委员会副秘书长、原上海市闸北区书法家协会常务副会长等职。采访他时，他却说自己仍然只是个书法的"票友"。

采访刘小晴的学生，问起他的教学特点，一众学生都会说到先生特别注重传统，学识丰富，对历代书学的特色、沿革、流变，各家各派的艺术风格、艺术主张等，都熟稔于心，字写得好，理论水平了得，真正能用理论指导实践（很多书法家做不到这一点）。在具体的教学中，他尤其主张师古人、学古帖、会古意，要"一门心思钻进传统中去"。他有很多独到的教学方法和教育理念："吃好第一口奶""从十八层地狱的第一层做起""农村包围城市""吃百家饭，当一家'狗'"（相关内容参见本书"艺术访谈"部分——作者注）……这些教学理念和方法，学生若真能奉为圭臬，并付诸实践，则多能在书法上有所成。有一个数据颇能说明这一点：在上海师范大学继续教育学院闸北分部，由刘小晴带教的学生，数十年来，已有 150 多人加入中国书法家协会或上海市书法家协会，成为书法专业人士。而这，还仅仅是刘小晴从事书法教育的一个教学点。"刘门"桃李在上海书法圈后起之秀中,几乎占据了半壁江山。

而另一个数据也令人咋舌:在上海中国书画专修学院,已有一千多人次分别从刘小晴带教的大专、本科学历班走出。而他带教的非学历书法兴趣班的学员,更是多达万余人。

如果要罗列刘小晴 1980 年代后执教过的学校,则这个队伍的阵容非常可观。除却前文提到的宝山文化馆、上海中国书画专修学院、华东师大夜大学、上海师范大学继续教育学院教学点外,还有杨浦区爱美的业余艺术学校、沪东工人文化宫书法班、上海青少年艺术学校、虹口区书法进修学院、中国美术学院上海分院、朵云轩艺术进修学校、上海书协书法考级班、上海戏剧学院书法高研班、秋海棠书法研修班、上海大学美术学院相关专业、朵云艺苑书法高研班等等。而刘小晴的授课内容,既有基础的入门班、兴趣班,也有进阶的大学、研究生学历班,还有研习书法的高研班。2013 年,刘小晴还为上海市教委开设的"教师教育市级共享课程"授课,让接受书法培训的中小学教师,像星星之火一样,培养和点燃青少年对中国传统书法的兴趣。

在一份上海师范大学继续教育学院"2013 年上海市成人教育优秀教师"的评选登记表的事迹栏里,有这么一段叙述:

> 刘小晴　20 世纪 90 年代初任上海中国书画专修学院书法教师,后兼任副院长,又任院长;1993 年起任教于上海师范大学继续教育学院闸北分部"书法教育"专科和"美术学"(中国书画)专升本,至今已有 20 年。2012 年起,他又为上海师范大学美术学院新开设的研究生课程班(书法篆刻方向)学生带教授课。他始终把写字和做人结合在一起,常说"字如其人"并坚持书品人品一起抓,特重视综合素养的锤炼和提高;……他十分重视书法的基础教育,坚持抓基础,抓入门,从点画开始,循序渐进,不断提高;他是上海师范大学继续教育学院书法教学团队的学科领头人……

如今,很多刘小晴的学生也从事书法教学,一些并不直接受教于他的高校书画专业老师,也将刘小晴的多部著述当成参考教材。在推荐给学生的教辅书中,定有刘小晴的《书法艺术的创作与欣赏》《中国书学技法评注》《楷书十讲》等多部书法理论著作。

从 1970 年代在宝山文化馆开启书法教学之门,到"卖身"市区的各类书画专修学院(学校),再到带教硕士班、高研班,刘小晴的书法教育之路在不知不觉中,已经不间断地连续走了近四十年!在此期间,他不仅教授了大量的学生,而且为推动书法教育由社会办学走向政府办学,由民间推崇到官方重视,不遗余力地鼓与呼。毫不夸张地说,在中国书法教育从民间分散办学走向高校专业化教育的路途上,刘小晴是一位身体力行的推动者。

　　据上海中国书画专修学院校长郑梅立介绍，1993年由于社会口碑好、教学成绩斐然，上海师范大学欣然与专修学院合作，成为上海师范大学继续教育学院的一个校外办学点，并成为上海第一所获得教育部认可，可开办书画专业大专学历班的民办业余大学，2003年，学校又获得开办本科学历教育的资格。这其中，刘小晴以一个书法家、专业教师的身份，多次与上师大相关人员接触、游说，在上师大和专修学院间穿针引线，以个人的影响力推了学院一把。由于刘小晴的加盟，沪上一些知名的书法家，也纷纷到这所地理位置不占优，且名不见经传的民办学院"传宝"，刘小晴当仁不让是学生和学院的大功臣、大福星。因为数十年不遗余力的教学，十年前，师生们一致推选刘小晴为这所专修学院的院长。

上海师范大学夜大学2005届书法篆刻专科班毕业师生留影，第一排左三为刘小晴

上海师范大学夜大学2008届书法篆刻专业毕业师生留影，第一排左五为刘小晴

上海师范大学成人高等教育 2012 届美术学（中国书画）专升本毕业师生留影，第一排左七为刘小晴

上海师范大学成人高等教育 2012 届（书法篆刻）专科毕业师生留影，前排左七为刘小晴

之所以热心业余大学学生培养的事，是因为刘小晴了解到书法专业在上海高校稀缺，而书法不仅仅是一项"技能"，更是一种文化修养，它承载了中国历史文脉，也蕴含了哲学和美学等诸多人文科学的元素。面对众多喜爱书法的学生，他不仅想教会他们书法之技，更想培养他们理解和热爱传统文化之心，让他们成为中华优秀传统文化的受惠者和传播者。让薪火传导，得以燎原。古稀之年后，刘小晴不辍初心，除了在上海师范大学美术学院授课，还在朵云轩、上海大学、上海戏剧学院、中国美术学院等高校，以及"秋海棠"、杨浦工人文化宫等诸多教学点教授书法。

2011 年 9 月，在陈标等刘小晴的几位学生的倡议、张罗下，"刘小晴书法教育成果展"在上海复兴中路的一家文化艺术中心举办。书法展荟聚了刘小晴从事书法教育 30 余年来的成果，经遴选的 150 余件学生作品与前辈书法家高式熊、林仲兴、王宜明等的作品同厅展出，刘小晴也拿出了自己创作的 20 余幅书法作品助兴。仲威、马饮冰、曹溥公、马双喜、周思贤、张卫东这些如今已在书坛各有建树的刘门弟子，悉数亮相。如此规模的师生同展，不仅在上海无先例，在整个书坛，恐怕也难有匹敌者。

三分怵，七分敬

刘小晴为人宽厚温良，他在圈内外的好人缘有目共睹。外人一定觉得，作为先生的他，定然也是温暖和煦、和风细雨的。但事实是，带教时间越久、接触越深，或者在书法上越是有点"样子"的学生，多对他三分怵，七分敬。

2016 年 7 月，刘小晴大师(楷书)高级研修班结业师生留影，第二排左五为刘小晴

"先生不善交际，也不善言辞，但讲起书法来，却出口成章。他对学生很严格，我其实有点怕他。"徐宏斌，这位近年来与刘小晴走得最近的学生之一，因为醉心书法，"想把先生的事业当成自己的事业"，2013 年从媒体辞职，在上海衡山路租用了场地，牵头成立了"刘小晴书法创研室"(2018 年底，改为"刘小晴书法工作室"——作者注)。在与刘小晴频繁的接触中，他感受到了先生的严厉。"先生极其反对学生把毛笔当成追逐名利的工具，反对学生四处搞'活动'，他对有点成绩就沾沾自喜、浮夸自得的学生，毫不留情面，每每不顾场合，当着众人面，严加批评。"徐宏斌有次去先生家，还未上楼，就听见先生暴怒的声音，他正厉声指责一位学生"就知道混"。而这位受批评的七尺男儿，已是当祖父的年龄，被批评得面红耳赤……

刘小晴的女儿刘碧娟也说："爸爸平时对人很温和，可是一说到书法，他就非常严肃、严格。如果聊到书法界的一些不正之风，他则会痛斥，那时，他不是温和，而是严苛了。"

在"刘小晴书法创研室"举办的研习班上，徐宏斌也亲眼看到老师严辞批评学生的场景。他自己，也曾多次被老师严厉批评。徐宏斌还记得，有次，因他上交的作业写得随意了一点，结果，先生就当着全班学生的面剋他，批评他这个"班主任"浮躁。

先生也确实火眼金睛,那段时间他忙于应付各类事务,想着自己有点书法底子,不妨就按照自己的领会写写,没有悉心照先生要求临帖。先生恼火的关键,在于他没能安心追求艺术,把太多的精力用于人际、社会交往中。按照先生的理念,做人要踏实,写字也一样,决不能投机取巧。只有一心一意钻研书法本身,才有可能用自己的实力打开书法圣殿的大门。那些喜欢跑场子、四处钻营,搞虚名的人,他是坚决抵制的。要想取得成绩,获得成功,以书法立身立名,只有踏实钻研书法本身一条路可走。

那一次,徐宏斌被先生批得脸上白一阵红一阵,一个中年男子,竟眼眶红红,泪水在眼眶打转。他心里虽委屈,但还是承认先生说得有道理。世道本嘈杂,想经营一番事业,又要独善其身,常力岂能通达?他指望先生能在全班同学面前给他留点面子,但先生并不理会,他真想找个地洞一钻了之。

向求学者示范运笔

耕耘讲坛多年,刘小晴的学生不仅有上海的,还有来自周边省份的。有些外地学生,每到休息日,就长途跋涉赶到上海,只为听上一堂刘老师的课。这些学生中不乏有书法才华的。有一位来自太仓的学生,听老师的课已多年,在苏州书法圈颇有些名气,还挂帅了当地书协的管理工作,出版了多本书法教材。在刘小晴眼里,这位学生在书法上确实是可造之才,每次这位学生上门,他都耐心指导。刘小晴也明白,这位学生在文化知识上有短板,而从书法匠人变成书法艺术家,丰厚的文化积累是必不可少的。他因此经常循循诱导学生别心气浮躁,要多补习,多看书。

几年前,在苏州地区书法教育领域攻城略池的这位学生,举办了一个书法系列教材发行仪式,特地请了当地文化、教育部门的领导参加,也把自己的书法老师请到了现场。在这次颇有些规模的"仪式"上,头头脑脑们发了言后,大家落座,只见刘小晴的脸色越来越不好。到了吃饭时间,刘小晴绷不住了,主桌上同时还有文化教育单位的领导,他不管不顾,冲着学生说:"你现在本事是越来越大了,但我看你写错别字还是照样嘛,还照样挂出来、印出来。我都脸红!"原来,在发行仪式现场,大家都"称颂"这位学生书法上如何了得,获得了多少多少奖,培养了几多学生"书法家"。这些也许不假,但看到赫然在目的错别字,作为先生,刘小晴实在看不下去了。

同行的郑梅立看到,这位学生的脸,霎时红得跟猪血一样。

不管场合、不顾情面,只要触犯了刘小晴授业、为人的准则,不管你是否有头有脸,他都会毫不留情地严加批评,这是刘小晴为师的严厉之处,也是让一大批学生既敬又怕的重要原因。与刘小晴交往频密的学生,几乎都尝到过此中滋味。

刘力群平时喜欢和先生开开玩笑,先生总是笑而不语,从不见外。"先生'骂'我,都是为我的宁。没按要求写好,应该骂。"但是,他还是没想到,"先生会当着我女儿的面,把我臭批一顿。"

那次,刘力群带着有书法基础的女儿及自己的书法习作去刘小晴家求教,因前阵子刘力群的腰椎病犯了,没有平心静气好好练字,刘小晴并不知晓。他打开徒弟交上来的"作业",就说开了:"侬哪能写呃?侬写呃啥字呀?!……"站在一旁的刘力群女儿,看到五十多岁的父亲,竟然像小学生一样垂首而立,一副俯首听命的样子,想笑,却顿时又生出一种敬畏和庄严感。

"没有先生就没有我。"周思贤,这位 1978 年就开始"跟定先生"的学生,这句话说得情深意真。

1978 年,周思贤 28 岁,当时他家境贫寒,从上海市区投奔南汇周浦亲戚已有几年。因为字写得好,就在单位出黑板报,搞宣传工作。他并不喜欢这种工作,一心想拜名师写字,专研书法。功夫不负有心人,有人向他介绍了刘小晴。第一次见老师,他将自己的书法习作呈上,刘小晴看罢,很高兴,说:"我可以给你介绍上海滩一流的书法老师。"36 岁的刘小晴当时虽已小有名气,但并不认为自己适合关门收弟子。上海滩上书法比他好的前辈有很多,他还只是个小字辈。

周思贤心意决绝。他在寻找老师前,早已了解清楚了刘小晴的人品、书品,他向刘小晴表明心迹:"我学书法,是真的喜欢,找先生您,我不是想走终南捷径,也不是来抱大腿的,是发愿来认认真真学书法的。"周思贤央求再三,刘小晴见他态度诚恳,就答应先试试。

"我激动得立刻跪下来就给老师磕了三个响头。"许诺"我这个学生也许不能给您脸上贴金,但我绝不会给您抹黑"!

此后,刘小晴对这位学生呵护有加。他手把手教学生,从手势、起笔开始,到调锋、结构、铺展、谋篇等,毫无保留,细致调教。根据周思贤的特点,他让周思贤翻来覆去练《九成宫醴泉铭》,三年后过关了,才让他换其他帖。每换一种字帖、字体,刘小晴都要亲自示范,并将自己的领悟,包括布局的变化、印章的位置等等细节,一一讲解。

经过一段时间的学习,周思贤的书法突飞猛进。1982年,他无心每日在市区和郊县的工作单位来回奔忙,干脆就辞了职,一心当老师的"跟班",刘小晴去哪里上课,他就在哪里旁听。后来成了"助教",再后来也成了授课老师。1989年,在书法上已小有成绩的他加入了上海市书法家协会,1991年,又成为中国书法家协会的一员。

刘小晴很高兴,却也有些犯愁。为了学书法,学生放弃了工作,没了固定收入,生活上难免拮据。自己虽然也时不时给学生一些接济,但毕竟杯水车薪,终究不是办法。极少求人的他,找到书画社领导,说这个学生有书法基础,适合当书法编辑。社领导同意了,但因为没有人员编制,只能算聘用人员。于是,周思贤成了《书法》杂志的一名编外编辑。

周思贤的自信心也在爆棚。在老师的举荐下,业余时间,别人想挤进书法授课老师的行列还颇费心力,他则从不愁没课上。最多时,一周要上二十几节课。他的楷书也越来越成熟,屡屡在各类书法展览中获奖,1994年参加全国书法展,还夺得全国一等奖。就在他越来越热心参展、参赛,并频频"跑场子",抛头露面参加各类活动混脸熟时,刘小晴"骂"他的次数也越来越多。

"我一直被先生骂,骂惯了。"自周思贤拜师,每次看到他临的帖"不规矩",想要小聪明,刘小晴都会严厉批评。他最容不得的就是学生浮躁、功利,一心想走捷径,不踏实潜心真正研究书法。在没有打好基础前,他不允许学生"自说自话",满足于一时一地之利。周思贤是个随性的人,他常常被刘小晴敲打。发起火来的刘小晴,从不管场合,如果是在家里,则常常要刘师母出面干涉才罢休。

1994年的一天,周思贤正在众人面前"显摆",绘声绘色讲电视台如何如何采访他时,刘小晴出现了。看先生神色,周思贤就有些紧张。

"你现在成得奖专业户了嘛!"这是刘小晴的第一句话。

"但你的字没写好。"这是第二句。

接着:"你掂过自己分量吗?你这是在和谁比呢?你以为得奖就最厉害、最了不起?……"一连串的话,峻厉、严苛,周围的人都不敢出声。周思贤自是羞愧,先生说得没错,得奖不代表自己的书法就好得上了天,得奖也并不说明别人就写得没他好。他确实没有定力,和先生一向提倡、尊敬的历代书法、优秀的书家比,他连一个蜉蝣都算不上!

1994年,在经过先生多次敲打后,周思贤痛定思痛,决心闭门思过。从1994到2004年,他谨记先生教诲,潜心习书,这十年里,他不再跑场子、混脸熟,他甚至辞去了在书画出版社的编外职务,两耳不闻窗外事,专心宅在家里与书法耳鬓厮磨。当然,他此时的书法作品在市场上已为人赏识,已有日本的专属收藏人,经济上已经毫无后顾之忧了。

"先生没有少骂我,可是,我和他的关系却一直很亲密。"周思贤知道,唯知之深、爱之切,才会责之重。他每走一步,身后都有先生关切的眼神在。每有书法作品出版,或者自己有书法展,刘小晴都会祝贺他,亲笔提写序或跋。

2013年春节前,周思贤探望老师,刘小晴拿出了私藏的"赖茅",这是老师特地为爱酒的周思贤留的。刘小晴见学生的字长进很大,兴致颇高,喝了两小盅,其余周思贤承包了。酒瓶空了,周思贤在瓶子上恭敬地写下"2013年1月15日,与老师共饮",藏于自己的书房内,每每抬头瞧见,他就会想起那次席间,刘小晴说:"思贤啊,你能不能再闭门十年,深入苦练,你的书法会达到一个新的境界。"周思贤知道这是老师对他的极大信任与厚望,他时时提醒自己:谨记先生教诲,不为窗外的纷纷扰扰分神,沉下心来,踏实做人做事。2018年12月7日,从艺也有40年的周思贤还特地搞了一个活动,表达对恩师的谢意。

不独对周思贤如此,刘小晴希望所有学习中国书法、真正喜爱中国书法的人,都能沉下心,不为名利、浮华迷惑,打好书法根基,打好做人的根基,向古代书法家学习,用书法涤荡心灵。他认为,只有心无尘埃、心无旁骛,才可能臻于至美境界。他要求自己如是,也把这种要求传导到了爱徒们身上。

温其如玉

刘小晴对人的态度,那是没得说,认识他的人,无不跷起拇指说他"人好、好人"。好在哪里? 他是个温良的谦谦君子,脸上总挂着温和的笑容,目光中透着善意,对所有人都有礼有节。上海书画出版社是他工作最久、最出成绩的地方。在那里,上至出版社领导,下至门房后勤,他都一视同仁,不逢迎,不摆谱,从没有艺术家的架子。

一位书画社老员工相告:刘小晴2002年退休前夕,特地走访每个办公室,问遍每位同事:你们有什么需要吗? 要不要我给你写几幅字? 连工场间的工人也不遗漏。彼时,刘小晴已是个声名赫赫的书法家,他的字,很多人求也求不到。但这个举动,在刘小晴自己看来,实在是正常不过,不值得拿来说事。让更多的人喜欢书法,让普通人拥有书法作品,难道不是书法界的一件幸事? "如果他们喜欢我的字,这是我的荣幸,我很乐意为他们创作。"

应野平先生生前曾赠两幅山水画给刘小晴,他视之若宝,从不示人。1991年《中国书学技法评注》第一次印刷出版后,这本书的责任编辑吴添汉退休了。刘小晴感念这位为人作嫁的老编辑在自己这本书上花的心思,一直想表达对他的谢意,又苦于拿不出什么特别的东西,左思右想,想到了先生送的两幅画。不如将其中一幅转赠,自己珍藏一幅留个念想足矣！就这样，吴添汉老师退休后，收到了刘小晴的这份心水大礼，十分意外，十分快活。

这位颇有君子风范的艺术家，谦和、体恤、大度。2005 年 11 月，上海书法家协会增补他为协会副主席，任期五年，这既是一种荣誉，又是对他成绩的肯定，更是对他的一种信任。五年之后，上海书协主席团改选，出于种种原因，他没有进入主席团成员名录。刘小晴在书法艺术上的贡献和成果，其实早已不需要任何一种"官衔"加持，对一个真正的艺术家而言，在不在"位"，他的艺术成就都摆在那里，书家们心中各自都明白此中道理。

虽则如此，作为一个浸淫于中国儒家思想的传统文人，出将入相，毕竟是多数人的理想，这样的结果当然也令刘小晴不是滋味。68 岁，对一个书法家来说，正是年富力强，书道走向成熟，为热爱的艺术作贡献的时光。他为书法基础理论普及做了很多具体工作，在书协副主席任期前后，他在书协举办的书法考级班中任教。2008 年汶川地震，上海书协组织赈灾捐款及作品募捐，他积极响应。除了书协的活动，他还有很多不为绝大多数圈内人知的善举。他的书法基础理论出版物、行楷书法、书法教育，均有目共睹，成绩卓然，想到这些，刘小晴心中有些不平，但也足够坦荡。

2010 年年底，上海书法家协会第六届主席团成员确定后，有关领导专程去刘小晴家拜访，与他坦诚沟通。其时，刘小晴早已释然，他早就没了"情绪"，他知道，一个为名为利所累的艺术家，不可能在艺术道路上走远，也不可能专心致志为艺术献身。在书法的圣洁殿堂里，他要的是实名，而非虚名。退一步，海阔天空。

诗人徐刚与刘小晴是崇明老乡，两位同时代人 2014 年第一次相见，敏锐又感性的作家在第一时间就接住了刘小晴目光里的气息：

> 见到刘小晴的第一印象是，瘦高而面目清癯，及至目光相接，想起的是孔子所言"温良恭俭让""言念君子，温其如玉"。所有这一切在交谈语言之前，已经由目光先期到达。这是神奇的到达，心灵的到达，全无矫饰的到达，无声息而有震撼的到达，迷人的到达。迷人的到达是因为目光的迷人，刘先生的目光温润柔情，岁月似乎把一个人的年龄空自垒积，那目光却年轻依旧，或者也有痕迹：在关爱、平和、宁静中透露着仁慈，"不敢为天下先"的大智慧。书似其人乎？不若人如其书也。（徐刚《刘小晴印象》）

是的，经岁月磨洗后自然流露的目光，最能映照一个人的内心。读刘小晴的目光，最是松软平和。

刘小晴自号"一瓢"，有"弱水三千，只取一瓢饮"之意，又有《论语》中孔子评述学生颜回"一箪食,一瓢饮,在陋巷,人不堪其忧,回也不改其乐"之意。这"一瓢",言明了心志,也喻示:在浩瀚的书法海洋中,他孜孜以求,也不过寻觅到了"一瓢"而已。

张卫东,1988年拜刘小晴为师,慕老师之书品、人品,自取号"半瓢"。如今,张卫东是中国书法家协会行书专业委员会委员,上海书法家协会副主席,上海青年书法家协会名誉主席。忆起与老师交往的点点滴滴,眼中满是深情。

1990年代初,张卫东面向全国办了一个硬笔书法函授学校。为了多一些生源,他在报刊上打广告,但往往收到的学费只抵得上一次广告的费用,办学资金捉襟见肘,为此,他十分焦虑。尽管如此,在老师面前他也没流露什么。

刘小晴却主动问起了办学情况。一次,一位书法藏家把稿费给到刘小晴,刘小晴趁无旁人,直接把钱塞给了一旁的张卫东。张卫东推托不成,暂时收下。等过了一段时间,张卫东收到了学费,有了点结余,想把钱还给老师时,刘小晴却轻描淡写又不容置疑地说:"钱是给你的,不用你还。"

2001年,张卫东已成家两年,他和爱人都在部队工作,但不是一个军种,且两地分居。他想把爱人调到上海来工作。异地调动本来就难,更何况是不同军种之间的调动。对此,刘小晴也为张卫东着急,但一介书家,他并没有其他法子。那次张卫东又来看望老师,临走时,刘小晴指着书房墙面上的《沁园春·雪》说:"你把它取下来。"

张卫东愣在那里,刘小晴又说:"你刚成家,夫妻分居两地。关键时候,这个也许能派派用场。"

这幅小楷,刘小晴挂在书房多时,是他的心意之作。平日友人求字,刘小晴多以行楷相赠,楷书作品轻易不示人。小楷更是他的镇斋宝物。

张卫东当时就感动不已。老师对他的关心、呵护,全在这幅字里了!

张卫东想起此前的几个月,也是在老师的家里,师生两人对一篇文章的讨论。不,应该说,是刘小晴对学生张卫东的提点、敲打。

那篇名为《看上海中青年书法》的文章,刊登在2001年7月号《书法》杂志的头版,作者正是张卫东。文章回顾了改革开放二十年来,上海书法的发展状况。三千多字的篇幅中,提及了一些人和事,也有具体的数据,总体是说上海的书法水平有每况愈下之势,和其他省份比,渐趋落后,希望能迎头赶上。当时,33岁的张卫东在上海的书法界已崭露头角,怀着对书法的热爱,希望中青年书家们能知往鉴今,开启未来。

张卫东的本意甚好,刘小晴看到这篇文章,内心蛮肯定这个有想法、有使命感的年轻人的。他也知道张卫东说的现象确实存在。但是,年届退休的他,自然比年轻人阅历更丰富,经事更庞杂。以他为人处世平和简静的态度,他不主张张卫东对外发出如此有锋芒的声音。在他看来,在书法界,而立之躯差不多就是一个书童,此时应多涵养体肤,修炼技艺,根本没到坐而论道的时候。他告诫张卫东要耐得住寂寞,要知道艺术无止境、天外有天。如果有不同见解,看到一些流弊,也不应点名道姓说他人,可以借古喻今,和风细雨地道出自己的见解。最重要的,是用自己的行动,身体力行改变世风。

张卫东当时并不十分同意老师的意见,他甚至觉得,老师做人太谨慎,思想上难免有些因循守旧、泥古不化。

如今,张卫东也是半百之人,在书法界摸爬滚打许多年,2018 年 11 月,他被选举为上海书法家协会副主席,回味他与老师的这次讨论,不禁感叹:老师以他做人的理念、处世方式劝导我、影响我,这实际上是在引导我做人,呵护我的成长啊!

一场辩论

在文化界,持不同艺术观点、见解的人,常常会就某些事件、作品等发出相异之声,"商榷、质疑、辩驳"之类的文字你来我往,这原本很正常。文艺的发展进步,本来就需要思辨的声音,良性的批评评论推动了文艺的进步。但是,近年来,有一些争论和批评却变相成谣言、诽谤、中伤,更有一些你来我往的网络笔仗,匪气、戾气四溢,对持不同观点者进行人身攻击,弄得硝烟弥漫,你死我活,毫无理性。

刘小晴在报刊上写过不少文字,发表过很多对书法的见解,但他从没有针对某个个体发表异说,对此,或许可以理解为他处世的圆方之道,但谁又能说,这不是小晴的本性?《论语》曰:"义以为质,礼以行之,逊以出之,信以成之。君子哉!"中国书法艺术界风云人物挤挤挨挨,舞文弄墨的艺术家,率性者、张扬者甚至乖戾者大有人在。相比而言,刘小晴个性并不突出,但无疑,他是当下社会里,一个普遍让人称颂的谦谦君子。

但要说他是个"好好先生",则是妄下断语。

做人归做人,在学术上,刘小晴始终坚持自己的观点,绝不会因为这样那样的因素,遮掩自己对书法的理解,更不会顺从他人、改变自己的学术态度。自始至终,他都认定:书法学习一定要深入到传统中去,做传统的"奴隶"。今天的所谓"理论",都是对古人观点的重复。书法创作者一辈子要训练自己的"手和眼","手"就是笔墨技巧、传统功力;"眼"就是审美观念、审美理想。书法中的审美是传统东方哲学的具体体现——在法度之下,追求一种中和的、自然的平衡。

他的这些观点,在上海书法界曾经引起一场颇有影响的大辩论。

1999 年 6 月 10 日,这一天,大雨滂沱,上海市区很多道路积水达半米。然而,新投入使用不久的上海图书馆一间报告厅里,却座无虚席,连通道上也坐了不少人。不顾疾风暴雨前来的人,是为观摩一场重要的书法研讨活动。这是一场关于书法创作和欣赏的辩论会,时任上海书法家协会主席周慧珺的开场白是这样的:

"前不久,书协召开了一个座谈会。会上大家畅所欲言,有些观点甚至是相悖的,所以想借今天这个机会,对上次的一些话题继续进行探讨。

今天,我们请了刘小晴和郭适铨两位先生主讲,首先我要对这两位先生表示敬意。上次座谈会上,两位先生的一些观点是相悖的。他们为上海书协的繁荣到台上来亮出自己的观点,引发大家进一步思考,这种责任心和敬业精神令人钦佩,我表示敬意。其次,上海书协在书法评论上仍很欠缺。过去往往当面是捧的多,背后是骂的多。我想,大家都讲实话,对我们书法事业的发展有益……"

刘小晴起身走向话筒。他从自己的创作体会谈起,讲到书法与中国传统大文化的关系:传统文化是土壤,书法是土壤中的一棵大树的分枝,大树的主干则是东方哲学,包括孔孟的中庸之法、老庄的自然之道。儒家强调法度,道家强调自然,这两种哲学融合在一起,形成了中国书法的美学基本体系。所有的书法"创新",也就是所谓的"变",都是遵从这个审美体系而形成的,都必须有一个"度"。否则"奇"过了头,就变成"怪"了。书法的这种内在审美哲学决定了书法外在的形式美,形式美是有一定规律的,和谐就是一种规律。

但是,也并不是说,我们要墨守陈规,只要共性不要个性,书法艺术要在共性中求个性,个性的东西,一定要建筑在共性美的基础上,不能没有共性只追求个性。艺术创作不能刻意求变,因奇求奇未必奇。变是一个自然的过程,如果舍本求末刻意追求与众不同,必然走上歪路。风格不是制作、拼凑、设计出来的,一旦一个人的主导风格形成,就应该保持相对的稳定性,在不断吐故纳新中不断完善,保持生命力。

……

刘小晴侃侃而谈,规定的主题发言时间很快过去了,他意犹未尽,但只能戛然而止。台下,掌声一片。

郭适铨也讲了他的观点,他针对上海书法界的一些情况,坦陈了看法。讲到对传统应持的态度,如何理解并继承发扬传统;讲到书法的创新问题、个人风格的形成问题等等,不乏尖锐之处。

虽然角度不同,但两人的观点其实不乏相通处,刘小晴的落脚点在夯实书法根基,要深入传统,理解好传统,这样才能化为己有,进行合乎审美的动态运用。郭适铨则侧重于上海书法界的现实状况,希望书法家们不囿于小圈子,不自我陶醉,应开阔眼界,补足"正气、底气、大气",提高自己的艺术文化品位,这样才能正确理解传统,继承和发展传统,有创新的底气和能力。郭适铨的观点,同样获得与会人士的赞许。

开展理性的书法批评评论非常不易，这场辩论会是上海书协面向社会公开"亮剑"的重要尝试。郭适铨说："我对刘先生很尊重，刘先生对我也很好，至于学术观点不一样，那是另一回事。"

刘小晴、郭适铨在这次辩论中挑起了"大梁"，对营造培育上海良性的书法评论氛围，起到了一定的示范作用。

第七章

晚晴

莫道桑榆晚，为霞尚满天。

朵云轩楷书展

2015年12月25日，"刘小晴楷书展"在南京东路朵云轩艺术馆、朵云轩画廊隆重开幕。上海文学艺术界联合会、上海市文史研究馆、上海世纪出版集团、上海书法家协会等各相关机构的领导以及上海滩的书法大家、名家悉数到场。这是刘小晴从事书法艺术以来第一次以个人名义单独举办的专项书法展。

2015年12月，"刘小晴楷书展"在朵云轩开幕，各界友好聚集一堂

下午1点，离开幕式还有一小时，南京西路朵云轩门楣上"刘小晴楷书展"的电子滚动屏格外醒目。街道两侧的法国梧桐树叶早已凋零，光秃秃的树干在阴冷的天气下瑟缩着。与梧桐树一墙之隔的展厅，却人山人海，场面火爆。许多参观者脱下外套，还不停冒汗。一部电梯根本来不及上上下下，从消防通道走上四楼展厅的人流潮水一样涌入。

"从来也没有见这么多人来参观书法展！连脚都要插不进了！"主办方虽预料到

刘小晴的书法展会人气旺盛，但如此场面，还是第一次见，为安全起见，赶紧限制人流。

其实，早些年，就有机构动员刘小晴办个人楷书展，但他一直没有答应。2015年年初，朵云轩就为举办刘小晴楷书展事宜多次和他商议，极力促成此事，他仍是犹疑。一来，他不喜张扬；二来，他真心感觉自己的楷书虽有特色，但还有很多不足；三来，办展还要兴师动众，劳驾各方朋友。但是，经不住友人和学生的劝说、鼓励，在众多说服他办展的缘由中，"可以借此抛砖引玉，引起书法界对楷书书法的重视"的说辞尤其打动他，最终，他决定在位于南京东路步行街的朵云轩操办楷书展。

展厅里人潮拥挤，参观者只能顺着人流走，想独辟蹊径或者逆流而行根本不可能。如想凑近一点，或是多一点时间观赏作品，往往颇费周章。安保人员见人驻足作品前，不时提醒："还有好多作品，请继续参观……"围着作品拍照、品评、咂摸的爱好者，不住地发出"啧啧"声。"没想到，楷书还有这么多变化！""赏心悦目啊！""佩服，实在是佩服！""你看他这个字的处理，一篇作品中，同一个字有很多变化，但都没有脱离楷书的形制。"……

此次楷书展刘小晴拿出了80件作品，除了难得一见的4幅山水画外，其余76件楷书作品，均系近年新作。程十发曾如此评价刘小晴的书法：

> 一丝不苟，既是书家刘小晴的书写态度，又是他的书风特点。刘小晴从楷书入手，渐进至行草，但他并不将楷书作为敲门砖，基础扎实后，弃之不顾，而是以楷书为主业，不断地锤炼，不断地摸索，不断地研究，精益求精，一层一层地向峰巅登攀。他深谙欧阳询《九成宫》的妙谛，因而构筑自己楷书营垒，上窥魏晋，下探宋明，不掠新奇，但求平正。刘小晴深厚广博的功力，使平正充满了天真的气息，透过平正的表面是活跃、灵动的笔墨内涵。因此，刘小晴的楷书耐得住平正的寂寞，就有了装载趣味的空间和把玩精到的余地。刘小晴用一丝不苟来实现自己楷书审美理想……

大师的话十分精当。刘小晴的楷书，一点一画，自有轻刚雅正之气，他的小楷，更是楷书精品中的精品。面貌丰富、风格多变、举重若轻。运笔往来一丝不苟，却清而不薄，奇而不怪，正而不板，俨然君子。

展览现场，一批批书法爱好者直呼"过瘾""开眼界"！而专业人士在品评墨迹时，也发出"真乃大师也"的感叹。上海滩上的书画名家，包括高式熊、张森、王伟平、周志高、张伟生、徐建融、沈培方、杨永健、戴小京、王宜明、管继平、潘善助等一众人士，均到场。有网友甚至发帖称："反正这是我近些年来在朵云轩见过的人气最旺、到场书画名家最多的一次展览！……"

开幕式后，专家们还举行了"刘小晴书法艺术研讨会"，全面分析、研讨刘氏书法的成因、特色等等。

在接受记者采访时，刘小晴坦言："这是我平生第一次开楷书作品展览会，都是在朋友的鼓励下才决定举办的。"在听惯了某某某开过多少次个展，某某某获得过多少奖项、参加过多少次大小型特色展等众声喧哗后，忽听这样一位人气书法家说出这样平实的话，着实让记者们觉得意外。

在此后几日的展览中，朵云轩艺术馆的人气依然旺盛。一位署名为"空谷幽兰"的网友在自己的新浪博客上详细写了自己的观展体验：

> 大幅如同墙面，三四米高，字比手掌还大。小幅类似扇面，二三十公分，字比瓜子还小。无论大小，笔画工整，字字如一。它们笔饱墨润，清而不薄，奇而不怪，正而不板，刚健挺拔，充满颜柳神韵，体现了他"书法当从正楷入手"的理念。特别是小楷《心经》和《陋室铭》，与电脑打印相比，工整毫不逊色，灵动早已过之。

> 80幅作品中，每幅都有署名，或刘小晴，或小晴，或行或草，似无定式。署名之前往往注明"挥汗""喜爱其文"等情景用语。还有两幅，朱墨书写，红中带橙，犹如秋末冬初两片枫叶，别有风味。细看署名之前说明，乃是有人赠送朱墨，他在盛夏磨研而书。

在这篇记录详细的博文中，博主还提到了刘小晴欣然与并不相识的他合影之事。刘小晴平易、儒雅的举止跃然其文。博文的最后如此描述和评述：

> 据传，展出首日，观者如堵。至今还见爱好者手持作品，等候刘小晴评价……我们没有久留。幽兰（博主的同伴——作者注）说："这个展览好，用正楷书写古今名篇，字看得懂文章又熟悉，倍感亲切。"

> 是啊，任何艺术，越接近民众，就越有生命力。

最后一句话，说出了许多人的心声，引来网友跟帖共鸣。

"刘小晴楷书展"在朵云轩共展出十天，紧接着，又分别在刘小晴的家乡崇明和复旦大学等高校巡回展出，同样广受欢迎，各路媒体多有报道。

刘小晴书法作品复旦大学楷书展开幕式

坐拥珂罗版字帖

2017年3月26日，周日。这天一大早，刘小晴背上他那只外出总不离身的黑色包包出门了。三月的阳光和煦明媚，屋外的梨花桃花开得正旺，他来不及停下脚步欣赏。周六，他上午在书画进修学院授课，下午去"秋海棠"讲学，全天排得满满的。今天和前一日一样，从居住的浦东高行出发，乘一部公交，换两趟地铁，到位于徐家汇的"朵云艺苑"上课。这是他新接手的一个书法高研班，75岁的他，身板硬朗，但毕竟精力有限，本想推辞这个"差事"，上海书法家协会和老东家朵云轩找到他，他不好意思推却，加之听说这个班级的学员，是由各行各业有书法基础的兴趣人士组成，这是刘小晴最为赞赏的一类学员——学书法不带功利心，完全是为修身养性，因兴趣而为。为弘扬和推广书法艺术，他觉得自己能多做一点是一点。

他已经给这个班级上了两次课，基本摸清了学员的状况，今天，他准备给他们"加点餐"，让他们看看好东西。好东西就在包里，是十多本线装字帖。

字帖？市面上的字帖不要太多哦，线装的也没啥稀奇，也就是出版日期早一点吧？错！刘小晴手上的字帖可有讲究了。

在长期的书法教学中，刘小晴强调笔墨技巧，十分注重培养学生的眼力和笔下功夫。在基础实践中，他力推帖学学习，这也是他自己几十年来学习书法的切身体会。"文革"时期家中珍藏的大量字画、宋拓本字帖被销毁，他一直耿耿于心。1970年代后期，经济文化复苏，佚散于民间的旧书旧物件允许买卖，经常跑福州路旧书店、五角场夜市书摊、文庙书市的他，遇到旧字帖，就眼睛一亮，特别亲切。当然，并不是所有的

满书橱几乎都是珂罗版字帖

字帖都入他的法眼，他关注的是那些宋拓本，而且还必须是珂罗版的！

关注宋拓本可以理解。拓本是在碑碣或金石等器物上覆盖纸张，用墨或其他颜色打出器物上的图形，依此而制作出的印刷品。越接近创作年代的碑碣，因少有磨损和自然风化，其笔墨痕迹往往保留得较完整、细腻，与原作的契合度高，高超的拓工，可以最大限度地还原原作的笔墨痕迹。

"唐摹、宋拓一代绝艺。"各个朝代的拓本中，唐拓、宋拓质量都非常可靠。唐拓精良，但存留的唐拓本极少，仅有屈指可数的几本：柳公权的《神策军碑》《金刚经》，欧阳询的《化度寺邕禅师舍利塔铭》。宋拓本的拓工极其讲究，在用纸、用墨、拓法技艺上，达到了登峰造极的程度，无论是纸张厚薄、用墨浓淡、大型摩崖还是石花多、字形小的，均有相应的精工匹配。宋朝之后的元拓、明拓、清初拓、民国拓等，在技法、用纸和用墨上，都沿袭唐宋的拓法。明清两代的拓本也有许多讲究，乾隆拓中有不少精品，但总体而言，远不如宋拓那么周密精到。显然，宋拓本是刘小晴的理想选择。

那么，珂罗版又是怎么回事？

原来，真正的宋拓本存世也十分稀少。精美的宋拓本，称得上价值连城。黄庭坚曾撰文云："孔庙虞碑贞观刻，千两黄金那购得。"明末清初收藏家孙承泽也曾记录：宋拓《大观帖》有黄、白纸二种，宋时曾有人以百万购之不得。2017 年 6 月 27 日出版的《中国文物报》上介绍，清人朱文钧为了得到宋拓《醴泉铭》，用两幅价值 4000 块大洋的明沈周的《吴江图》、文征明的《云山图》外加房产才换得。当时北京买一座四合院也才七八百元。2013 年，一件《宋拓化度寺碑》以 322 万元的拍卖价成交；2015 年 11 月，一件《宋拓唐九成宫醴泉铭》以 90 万元起拍，最终成交价达 862.5 万元。而这个价格收藏界认为还处于"价格低洼区"。

既然真正的宋拓本极难寻觅，那么，和古老的宋拓本最为接近的印刷品是什么？

当然是珂罗版!

非专业人士对"珂罗版"一定很陌生。这是一种照相平板印刷技术,由德国慕尼黑摄影师阿尔贝特在 1867 至 1871 年间发明。"珂罗版"是英文 collo-type 的音译简称。此项技术在清光绪初年从日本传入我国,1876 年,上海首先采用此项技术印刷纸制品。

珂罗版印刷中的一个关键工艺,是采用玻璃制版,故珂罗版又称玻璃版印刷。它把要复制的字画的底片,晒制在涂过感光胶层的玻璃片上,由此再进行一系列的工艺处理,最终获得与原作几近一致的复制品。和其他印刷技术相较,珂罗版印刷术复杂,整个制作过程的几道工序,全部要有经验的工匠手工完成,且每版只能印 500 张左右,印制成本极高,但印制的质量却是其他印刷术无法比拟的:墨色极佳,画面细腻,无论是印在纸张上还是印在绢丝上,均无网点,浓淡层次清晰,能忠实再现原稿肌理,还原效果几可乱真。

目前,掌握此项技艺的工匠屈指可数,在上海,仅有上海博物馆有能力采用这种技术复制少量古画。在书画市场,珂罗版字画自是价格不菲,有一些不法分子甚至用珂罗版冒充真品原作。

刘小晴包里的 10 本字帖,全部是民国时期甚至更早时候出版的珂罗版宋拓本,这是他多年来逛旧书市场、文物商店以及与同好交流的捕获物。在几十年书法教育中,他喜欢在课堂上带些"宝贝"给学生开眼界,这些珂罗版字帖自然也成了他的教学工具,经常展示给学生看,让他们直接接触"好东西"。他认为一本好字帖,不亚于一位好向导、好导师。学习古人书法,必须看到"真东西"才能体悟其要领,尤其是对有书法基础的"高研班"人士来说,正是需要"养料"的时候。

这一天,学员们惊喜难掩,刘小晴也兴致勃勃。"书法学习纵横博览,方可雄视古今。"他讲演并举,张弛有度,结合字帖,给学员们解析各时期书家的特色和代表作,学员们传阅着这些年代久远、油墨烟气(如果有的话)早已消退的字帖,似乎和古代文人书家贴得更近了。

刘小晴的家中,珂罗版的宋拓本字帖还有很多。多到什么程度?四五只依墙而放的高大书橱里满满的都是!具体的数量,他没有做过统计,大概总有两千余册吧。有记者采访他,称他为"藏家",他会笑容可掬地说:"我不搞收藏的,这些不是藏品。"

是的,如果是藏家,他早就对这些字帖如数家珍,可能还每一本都编上号,分门别类加以造册保护,不会连具体有多少册、多少片都只是个估摸。也不会如此"不爱惜",经常背上这些"宝物"公交地铁四处走动,让学员们随意翻看、揣摩。他搜集这些字帖,最大的原动力,还是为研读书法。他喜爱这些字帖,不是因为它们稀有,现在身价高,将来价更贵,而是,他可以循着字帖中的笔墨痕迹,窥见古人的初心,他们的审美,他们的精神,其至他们的困顿得意和处世哲学。

"你想,我早上起床,泡上一杯清茶,顺手拿一本古人的字帖翻看,窗外有鸟语花香,我濡墨润笔,依着古人的笔迹,临写一幅字,那是多惬意的事!"晨起临帖,仍是刘小晴每天的晨课,在那一刻,他觉得自己正穿越时空,来到魏晋唐宋明清,与他钦慕的名人雅士密谈神交。

与收藏家还有一个不同,刘小晴从来没有关心过这些珂罗版字帖的市场价格变化。他明白家里的字帖很有价值,这个价值是相对学习临摹领悟鉴赏书法而言的。拥有这些字帖让他觉得富足、满足,那是精神层面的,他希望它们能最大限度地发挥效用。因此,他从不吝惜将这些字帖展示给学生,让字帖在学员手中流转,跟着临摹,让他们随意摩挲,字帖的品相因此有所损失也在所不辞。

近年来,刘小晴家中的珂罗版字帖实际数量在悄然减少,因为"淘"到宋拓本的机遇日趋微小,增量极为有限,加之他隔三差五送出一两本字帖作为对学生的奖励,字帖量减少那是很自然的事。那些在他眼中笔性好、肯下功夫,没有功利心的学员,是最大的受益者。

顾本建,这位资深的书法爱好者,上海八埭头书画院院长,就是这么一个受益者。当年,他以自己的勤勉刻苦打动了刘小晴,刘小晴将自己多年收藏临摹的几本珂罗版字帖,包括《颜书多宝塔》《褚遂良摹兰亭序》《宋拓袁山寺石印本》《宋拓集王羲之圣教序碑》等主动借给他。"不瞒你说,捧着那些线装本字帖,我感动得手都在颤抖,这些字帖曾经陪伴先生度过一个个不眠之夜,见证了一个书法大师成长的艰难路程,他将这么珍贵的东西给我,我怎能不倍加珍惜,怎敢辜负先生?!"

当然,也有书法爱好者借阅后,迟迟不归还,他也从不索要。他认为,物尽其用,让字帖流转到热爱书法的人手中,让字帖发挥它本来的作用,就是最大的价值、最好的"收藏"。

2017年4月,坐在书斋中的刘小晴,面对一整面墙的书橱,笑着告知笔者,这里,不过是这些珂罗版宋拓本字帖暂时的一个居留地,将来,他准备把这些字帖都捐出来,让合适的机构留存、使用它们,让它们最大限度地发挥应有的价值。

捧着一颗心来

在圈子里,刘小晴的为人有口皆碑。他乐善好施,他有求必应,他毫无架子……总之,他太不像一个通常人们以为的那种有名气、有声望的书法家了。

在机关工作的书法爱好者陈先生记录了自己亲身经历的一件事:

一位企业家听说刘小晴在书法界有影响,特意托陈先生求他的作品。为此,陈先生某日晚上7时许来到刘小晴家中,不料,刘小晴因感冒发烧躺在床上。见此状,陈先生不好意思说出来意。追问之下,才道出实情。此时,若刘小晴以身体不佳为由婉拒,那是再正常不过了。谁知,听说企业向他求字是为动员和激励员工向贫困地区捐资捐物,他竟立马起身,来到书房铺纸濡墨。

2010年8月上海书展期间,现场演示扇面书法　　　　"书法讲堂"上,书法爱好者排长队让刘小晴现场点评

也许是因为身体欠佳,刘小晴写了好几遍企业指定要的几个字却都不满意,最后终于写了一幅称心的,这才交给了陈先生。当陈先生拿出企业转交的稿费,刘小晴却说啥也不要。"如果你一定要给我,我真的要不开心了。他们在为和谐社会做奉献,难道我就不能为他们的奉献尽一点力?"

另一位学生杨界山则回忆了这么一些事:

上海某劳改局收容所收治了一批吸毒人员,为陶冶他们的性情,在精神上感化他们,公安部门打算办一个书法培训班。杨界山与收容所的干警相识,干警知道他正在学书法,于是托他找到了刘小晴,本以为"大书法家"需要做许多"工作"才能通融,出场费也一定少不了,让所有人没想到的是,刘小晴不仅一口答应,还说:"戒毒所是教育人、挽救人的地方,我去做点力所能及的工作是义不容辞的,更不该计较什么报酬。"

刘小晴要亲赴戒毒所上课的消息,像一颗重磅烟花投进了收容所,那些强制戒毒人员争先恐后报名,人数一下子就超过了200,限于场地等条件,最后挑选了50多名听课。在这个特殊的班级授课时,刘小晴不仅讲授书法理论知识,传授书法实践经验,还常常结合自己的经历谈对人生的感悟,鼓励学员思考如何做人。结业前,他为这些特殊的学员做了一次书法表演,边写边讲解他所书内容的内涵、深意。这些内容包括"积健为雄""学海无涯"及一些古代诗词名句。并当场将自己所书,赠送给成绩优秀的学员。

如此真诚信任的举动,自然感动了这批特殊的学员,回归社会后,他们当中的很

多人念念不忘刘小晴,有人还寄来了言辞恳切的信:

> 原先我认为自己的字写得很好,听了刘老师的课后,找到了差距,好比是万里长征的第一步。回归社会后自己继续钻研书法,不仅字写得更好了,而且懂得了人生的真谛,改掉了浮躁、懒惰的坏习惯。

> 听了您的书法课后,(我)不仅提高了书法基本功,而且懂得了人生的价值。

刘小晴用毛笔书法一一写回信,收信学员如获至宝。他们小心翼翼收藏这些信,不仅仅是因为白纸黑字是刘小晴的亲笔小楷,更因为他们从中感受到了来自社会的信任和无声的鼓励。

然而,他的举动也引起书法家群体,甚至是刘门子弟的一些争议。此话怎讲?

盛世之下,书画活动日益繁盛,常有一些艺术机构、喜爱书画的实力派人士、喜欢附庸风雅的企业金主,发起和组织雅集雅赏或书画笔会活动。不善拒绝人的刘小晴实在推辞不了,会有选择地参加一些。次数多了,人们总结出一个规律:只要刘小晴参加,参与人员多会有所"斩获"。

一位邱姓书法爱好者就深有体会。十几年前,他还并不认得刘小晴,朋友组织了一场书画笔会,刘小晴是受邀的书画家之一。刘小晴是那种非常受组织方欢迎的书法家:有名气、有影响力,但是,对"出场费"没有任何要求,又比较慷慨。

在那次笔会中,邱某亲眼看到,凡在场的人,若请刘小晴献艺,他都来者不拒,"在场的人都得到了好处,都有了刘老师的墨宝,我也不例外,得到了几幅作品"。邱某坦言,其中一幅非常珍贵,因为所书的"积健为雄"与赠给美国总统克林顿的一致,这令他喜出望外。

笔会上如此,在家中,刘小晴也常常上演人请一联书,他陪几幅字的戏码。一般而言,如果有客人携伴到家中来求字,他除了满足之余,会主动多写,送给同行者。他认为,来的都是客,他不能让客人感到受冷落,留遗憾。

凡此种种,使刘小晴"手松"成为圈中皆知之事。在书法市场上,除小楷外,他的书法作品的数量确实不少,较易寻觅。这是他与很多惜墨如金的书法家非常不一样的地方。

流出去的作品多了,市场价格自然也不会高企。市场上,名人书法价格动辄几万、几十万,甚至更高,令人瞠目。而刘小晴的作品价格平民、亲民。普通家庭一般都能消费得起。有很多次、很多位买主识货,主动抬高价格,被他断然阻止。

"书画在古代是达官贵族、才子佳人的专属品,老百姓哪有闲情和资格欣赏、学习！现在大家的生活条件好了,主动追求精神的享受,愿意在装修好的家里挂字画,传统文化正逐渐走入寻常百姓家,这是好事,我心里高兴啊！一个书法家,钱不能看得太重。"这是刘小晴面对所有疑惑者的回答。

因为他的这些举动,引来不少非议。有人说,有些书家的书画价格能卖得很高,是因为他们从不送人。小晴这么做坏了行情、规矩。也有刘小晴的学生觉得老师不仅委屈了自己,还连累到了已经成名成家的学生:老师卖这么低的价格,让我们做学生的怎么定价呀?!

对这些议论,刘小晴一笑了之。他不是不知道"行情",也不是故意打压自己门生作品的市场价格。在他心里,始终坚持这么一个朴素的想法:让普通老百姓都能消费得起、享受得到中华传统文化产品。艺术只有走进千家万户,才能扎下根,才会有持久的生命力。

为他人着想、对他人慷慨的刘小晴,对自己,则是另外一番光景。生活上不讲究是一贯的,吃穿住行他都崇尚平和、简单、自然。"名人"是别人眼中的,他自己,则还是那个他。

上海书协现任秘书长潘善助 1992 年时和刘小晴等书法家一起去山东青岛参加一个学术研讨会。当时潘善助还是一个二十几岁的小伙子,刘小晴则已有 50 岁,令潘善助印象深刻的是,会议结束,当天的火车只剩站票,刘小晴于是和潘善助等年轻人一起,一路站回了上海。其实,组委会本来安排专家刘小晴再逗留一两天,乘坐舒适一点的交通工具回上海的。那时青岛到上海的绿皮火车要开七八个小时,刘小晴却说"站站没关系",于是便从青岛一路摇摇晃晃,谈笑风生地站到了上海。

一直到现在,无论是外出教学还是有人请他出席活动,只要有市内交通,刘小晴一概拒绝主办者派专车接送。岁数上去了,自行车、助动车是不敢骑了,再说人住郊区,离市中心少说也有二十几公里,当中还横亘着黄浦江,所以只能选择公共交通,从家中往来市区一次少说点也要花三个小时,他并不在乎。

刘小晴这种不麻烦他人的作风很多人都见识过。2003 年 4 月,刘小晴应中国书协培训中心邀约,赴安徽黄山讲学,此前,他得知休宁境内齐云山有书法石刻艺术,想实地一探。黄山与齐云山相隔三十几公里,刘小晴如果提议参观学习,合情合理,组织者一定会满足,谁知,他竟然自己打车去了一趟齐云山!

与刘小晴打过多次交道的黄山书法界同仁吴庆权在回忆此事时,还特别提及,他陪刘小晴参观黄山新安碑园,在参观过程中,用不着讲解员介绍,刘小晴几乎能把哪块碑是孤本,哪块碑有几个版本,另外的现存何处,说得头头是道。有两块碑文排列次序颠倒了,他也一一指出。吴庆权多次陪业界人士参观碑园,听得最多的是"好、好、好",能像刘小晴这样对碑刻知识如数家珍者,实在难得,这让他感慨不已。

仁心使者

如果要在刘小晴一生从事过的两个职业——医者和书家中找一个共同点，则非"仁心"两字莫属。

杨浦区美术家协会主席任耀义谈到一件事：

多年前，他和刘小晴等书画家一起去安徽山区采风写生，住在山区的老农家中。一清早，老农夫妇就上山采茶了。采茶回来，发现家中饲养的四只老母鸡被人偷去了三只，夫妇俩心痛不已。为了招待客人，老夫妻俩还是咬咬牙，把最后一只生蛋母鸡宰了。刘小晴听说此事后，随即把身上带的 3000 元全部给了农妇，农妇热泪盈眶，感动得话也说不出来。农夫哽咽着说，他们一辈子也没一次性拿到过这么多钱！

刘小晴对人对社会的关爱，润物细无声。他的部分学生，来自社会底层，有些人经济上不宽裕，他知道情况后，时不时会塞些钱物。他曾带教过一位来自山西的学生，家境窘困，刘小晴得知情况，不仅拿出 1 万元救急，还托人给他找了份收入稳定的工作。一位高姓学生，下岗后，以开"摩的"为生，刘小晴知道后，对他照顾有加。为照顾那些经济不宽裕学生的自尊，更多时候，他会资助些上好的笔墨纸张给学生，他说："写书法，毛笔、纸张和墨都非常重要，不同的材质写出的字感觉完全不同，所以，提供一些质量可靠的书写材料给学生，能让他们建立对书法的信心，让他们更热爱书法这一传统文化，这也是一种正能量。"如果有学生生病住院，他不善"通路子、找关系"那套，但一定会拿出自己的作品让学生在必要的时候"救场"。

在 2015 年 12 月举办的"刘小晴楷书展"开幕式前，书法家自掏腰包在上海新亚大酒店设宴答谢多年来支持他的同好、朋友、同事、学生等。让普通人想不到的是，为了能迎送远道而来的友人，不至于让外地的客人受冷落，办展期间，他还包下了房间，自己和夫人有家不回，住在朵云轩附近的酒店，方便布展和随时迎送朋友。连续几天住酒店，夫人身体有些吃不消，想回家歇一晚，学生也劝他，毕竟七十多岁的人了，和师母一起回家休息，迎来送往的事，可以让学生们代劳。他准了夫人一天的假，自己仍坚守在酒店，说："朋友看得起我，远道而来给我捧场，我人在上海，却不亲自迎送，这是失礼的。"

说起来，刘小晴为人一向低调，不喜应酬，即便请他吃个工作便餐，也都会被拒绝。"一箪食、一瓢饮"本就是他最信奉和最舒适的生活状态。楷书展前宴请宾客，原本并不在计划之列。想到一部分朋友从外地赶到上海观展，需要吃饭休息，他不能怠慢了朋友，所以最终决定借此机会，答谢多年来的各路友人，也借此让平日难得会面的老友新朋得以一聚。

艺海一瓢书家范 ◆ 艺术评传

这次午宴上，来了两位刘小晴的同事，其中一位是上海书画出版社的门房，另一位从事其他后勤工作，他们的家庭经济都不宽裕，刘小晴都曾施惠于他们的家庭。刘小晴请他们来，只为让难得外出吃顿饭的老同事碰碰面。"当时在社里，刘小晴只要知道哪个同事的家庭经济上有困难，或者有突发事件，他都会悄悄塞一些钱物的。每年工会搞慰问活动，他都是捐款大户，退休了，还委托工会，帮助他救济经济困难职工。""他真是大好人啊！"席间，显然不善言谈的两位同事不断重复这句话。

书法家胡传海与刘小晴同在一间办公室工作数年，他曾撰文：

> 小晴于文尤真，于书尤诚，于人尤善，与之相交，情真意笃，有万叠清波迎面涌来之感。……悲悯穷苦，乐善好施，人有困顿之时，小晴常常施以援手；人闻其善书之名，拜求一挥，小晴常予以一一满足，不问酬劳，固有"好好先生"之称。其常说名利钱财皆为过眼云烟，不屑一顾……

其实，这些事对刘小晴来说，都属于"小儿科"，另有一些事，他对外人秘而不宣，只有少数最亲密的学生、受助机构略知一二。无论谁，与他谈及慈善捐助的事，他都要转移话题。实在无法搪塞的，先是"嗯、啊"应付，被逼无奈时，才会"挤"一些众所周知的"边角料"轻描淡写地提一提。

谈及刘小晴，与刘小晴交往密切的人都会说这样一句话："刘老师不仅是书法家，还是个热心慈善的人！"几位刘小晴十分亲善的学生、朋友坦诚告知：刘老师和他约法三章，"如将捐助事宜'宣'出去，不仅要被他骂，他还说过，谁把他捐助的事说出去，他就跟谁不往来！他说到做到的"。

尽管"戒备森严"，公之于众的材料中还是能"挖"到一些事实：

刘小晴在杨浦区慈善书画捐赠活动上

杨浦区定海路街道棚户区多，过去相当长时间里，被人称为"穷街"，2010年，刘小晴和区政府、街道联系后，成立定海路街道刘小晴助学助困专项资金，用于救助社区内的寒门学子并为社区老年人订牛奶。从2010年起的几年中，他还连续多次发起和组织多位书画名家走进社区，开展"著名书画家慈善定海行"活动。在杨浦慈善基金分会等机构的努力下，2012年的捐赠活动吸引了173名书画家参与，刘小晴、龚继先、任耀义等书画家共捐赠了300幅书画作品，这些书画作品拍卖后所得款项全部捐赠给市慈善基金会杨浦分会，善款用于慈善助学、万户助困等慈善帮困项目。因为刘小晴的诸多善举，杨浦区定海路街道授予他"慈善大使"的称号。

刘小晴的慈善捐赠证书

2015年12月7日,杨浦区惠民中学的操场,一条"惠民中学2015'刘小晴奖学金'颁发仪式"的大红横幅挂在司令台上,颁奖仪式上,有38名学生分获一、二、三等奖和进步奖。与之相隔不远的另一所学校——市东中学也有48位同学获得此奖项。据知,"刘小晴奖学金"由刘小晴和八隶头书画院共同出资设立,旨在奖励品学兼优的学生,激励他们刻苦学习,长大之后,能尽自己的力量,感恩他人,回报社会。至2017年,"刘小晴奖学金"已在杨浦区平凉路街道的惠民中学、市东中学和齐齐哈尔路第一小学中设立,多位品学兼优、才艺出众的同学赢得了奖学金,也收获了艺术家的祝福和鼓励。

2015年,获得首届"刘小晴奖学金"的市东中学学生钱安佳在颁奖仪式上发言说:"我相信,凡是获此殊荣的学子们,都会传承刘小晴先生的一种精神,那就是奉献社会,做一个有价值的人!"

不难推测,仁心仁举在温暖了下一代的同时,还会像涟漪一样传导,并不断四处开花、扩散。事实上,在刘小晴的学生中,已有很多人以书画为器奉献社会,此传记撰写过程中采访到的刘小晴学生,无一例外,都或多或少参与了书法公益活动或者爱心捐助活动。

善其身与善天下

2006年1月,《新民晚报》"夜光杯"栏目上,署名"杨天贵"的作者撰文,称刘小晴为"侠客"。原因是，他在刘小晴家中见到了一本厚厚的画集——《张弟德三百六十五米山水长卷：江山一统》画集，并且遇见了张弟德本人。

张弟德和女儿张越所画的三百六十五米山水长卷在书画圈曾引起不小的关注度，长卷画集祖国名山大川100余处，可谓鸿篇巨制。为完成创作，父女俩用尽积蓄，跑遍名山大川，前后用了12年时间，于1998年最终完成创作。然而，2002年时，为此画的归属，父女俩曾与浙江某企业对簿公堂。

2004年，一个偶然的机会，刘小晴和年龄相仿的张弟德相识，看到画作后，难抑欣喜之情："此图可谓集天地之大观，得山水之气，厥功之伟，足以辉映千古！"而此时，张弟德正被官司纠缠得苦，刘小晴的赏识和鼓励，对他是莫大的支持鼓舞。得知实情的刘小晴为素昧平生的张弟德四处呐喊，将画稿在上海书画出版社出版，并为之作序："尺幅之内瞻万里之遥，丈缣之中写千寻之峻，真可谓地负海涵、包罗万汇，更有宝岛阿里奇境参插其间，煊赫巨制蔚为大观，厥功之伟足以辉映千古，而百世之下自有公论也……"刘小晴对这位当时还籍籍无名的草根青眼相加，不仅自己在画作上多处题字，还发动数十位书画名家为画作题字。问起刘小晴为何这样做，他说得朴实："古人论艺术家生前身后境遇，有'身谢道衰''人亡业显'之说，如果我们发现了人才，不将他挖掘出来，这是文化的悲哀。人活在世上不能太自私，要正直、讲义气。助人为乐的传统不能丢。"

正因为如此，张弟德称刘小晴为"侠客"。如今，《江山一统》画集被故宫博物院、中国军事博物馆、中国历史博物馆、上海博物馆收藏。张弟德本人也被业界广泛认可，成为中国国画家协会理事、上海市美术家协会会员，被认为是中国少有的长卷山水画家。至此，刘小晴长长舒了一口气，退后，无声谢幕。

对同侪如此，对晚辈，刘小晴更是尽力扶持。在刘小晴的著述中，有一部分文字很容易被忽略，那就是他写的序和跋。这些序跋集起来有几万字，完全可以出一本专辑，内容多数是推介后生作品的。当然，有些是找上门来的人情文章，有些则是他自觉自愿要给年轻人写的。给人写序，他很诚恳，先是了解人，然后仔细阅读作品，得出观点。好话当然要说，不足的地方，也会作善意提醒。翻阅连篇序文，细心的人很快就会发现，他推介作品和人，有几个标准：一，是否对书法怀有功利心，是否以游戏的精神学习书法。有功利心，则不褒，以游戏三昧的精神学，则颂；二，书法或画作是否有一定的基本功，或者说，是否认真打基础。如果基本功好，能潜心学习，则有发展的潜力，如果学点皮毛，想"独辟蹊径"走捷径，则尽可能推却，即便推辞不掉，写得也勉强。这两个标准说到底，其实只有一条：是否真正热爱书法绘画，且对艺术存有敬畏之心，不浮夸，一步一个脚印，扎实学习。

近年来，刘小晴对请他写序跋之事，多有推辞，然而2019年盛夏，他却主动要求为一位老友出作品集,并揽下写序之事。在这篇《源深流长,形端表正——李荣国临帖作品集序》文章中,刘小晴用他的"刘体"手书了对这位沉醉于书道六七十年,潜心临帖,心无旁骛,笃志于书法,出版有大量书法字帖,尤其是楷书字帖的老友的敬佩之情。文章最后,他如此写来:

> 李荣国沉寂书坛数十年,为人低调,不事张扬。虽居闹市,却心如止水。……晚岁以来,贫病交加,于书法却不减初衷,一往而情深。虽处繁华之中却甘于淡泊,不禁使我想起"诗穷而后工"之句。这就是中华民族的一种精神,不戚戚于富贵,不汲汲于名利,依仁游艺,探颐钩深,此非变化气质之良箴、陶冶性灵之妙法乎。岂斤斤计较于成败得失乎。今将荣国兄平时临帖习作,纂集成册,公诸同好,非为扬其名,而在矜其志也。

击缶而咏,源于刘小晴推己及人,心有戚戚焉。为这样的朋友出书、写序,并办个人书法展,他提出"费用都由我来",其心可鉴,其意深长。

也正是出于对书法艺术的热爱,他身体力行地做着楷书书法的"公益推广大使"。

"当代书法以应酬为多,很少有书家去精心创作大幅经典的作品。刘小晴不是这样。一方面他以虔诚的态度对待书法,有意在一些高难度的作品中磨砺自己;另一方面,社会各方因其书法的独特性,交付一些鸿篇巨制给他,也可以说天降大任于他。"这是原"朵云轩"总经理祝君波先生在一篇文章中对刘小晴的评价。在这篇评析书法家的创作的文章中,这位有"中国拍卖第一人"之称的业界专家,用非常熟稔的笔调如此评价:

> 刘小晴创作长篇的经典作品,有的将流芳百代,具有时代性标志性。比如20世纪90年代中期,上海重修南市文庙,一项重大的文化工程是在庙内新立孔子的《论语》碑刻,有关方面把这一任务交给了刘小晴。全部1.6万余字,一式工楷,书在六尺整纸的宣纸上共有56幅之多(56块碑刻)。

提及此事,刘小晴记忆犹新。那时候,差不多有半年的时间,工作之余,他把全部精力都扑在《论语》的书法创作上,常常通宵达旦。因为每次书写都必须胸无杂念,心静如水,全神贯注地投入到创作中。56幅作品,要做到字与字、幅与幅如出一辙,绝非易事。而刘小晴又是个特别体恤他人的人,他要求自己每幅作品都要"一次成功",如果写岔了,"那要给别人增加很多麻烦,比如打格子的人,就要重新再弄,浪费纸张,也浪费别人的精力和时间"。最终,《论语》楷书一气呵成,由名师原样翻刻到巨大的石碑上,惠及后学。

　　除文庙《论语》碑林外,刘小晴还为豫园留存的历代诗作书写《豫园诗存》楷书书法,而庄严肃穆的龙华烈士陵园中一千多位烈士的墓碑,及《五卅历史纪念碑》也出自刘小晴之手。静安寺的千年钟上的佛经铭文,其书法亦是刘小晴手迹。不止上海,书法"公益推广大使"在杭州岳庙、云南楚雄福塔等均有墨迹。

龙华烈士陵园给刘小晴颁发的荣誉证书

"三好"书家公益情

　　2018年12月8日,冬月初二,上海雨雪霏霏,刘小晴却心情朗朗,晴空万里。这一天,"刘小晴书法工作室揭牌暨刘小晴艺术基金启动仪式"举行,刘小晴个人捐资500万元,用于扶贫帮困,支持有困难的艺术家,培养书法人才。

　　这是上海书法界继周慧珺个人捐资成立艺术基金后,又一次让世人感佩、众人称道的义举。上海市委宣传部副部长胡劲军及徐汇区区委、区宣传部的领导特地前来出席仪式,为刘小晴善举助力。

　　"刘小晴老师是家喻户晓的书法大家,是为海派书法的传承弘扬做出突出贡献的书法家,也是我所敬仰的师长……"仪式现场,新上任的上海市书法家协会主席丁申阳难掩敬佩之情,"刘小晴的楷书,尤其是小楷成就是当代海派书法家中为数不多,能在中国书坛确立领先地位和影响力的书法大家之一;同时,刘小晴还是具有全国影响力的书法理论大家。三十多年来,刘小晴老师从事书法教育从未间断,是老一代上海书法家中投入教育时间最多、培养学生最多的书法大家之一。

　　"除了上述三方面的突出成就外,我还想重点说一下刘老师的书品、人品。刘小晴老师在书法界被公认为'字好、学问好、人品好'。刘老师一生淡泊名利,朴实谦逊。

坚持扎根群众,服务社会。而且,一直做慈善、做公益,并且从不求回报。刘老师是所有书法工作者学习的模范和榜样。"

当天,刘小晴艺术基金启动了第一个项目——拿出 100 万元,对口支援云南红河州的元阳、石屏、屏边、泸西四县,用于当地的书画教育并帮困助学。2019 年春天,刘小晴前往云南红河州最偏僻的山区学校,扶贫帮困,指导当地青少年书画学习。

2019 年,"刘小晴艺术基金"捐赠 100 万元帮扶云南红河州

当媒体的闪光灯频频亮起,一个个话筒伸到刘小晴面前时,这位年近八旬的老人,常常站上讲台、舞台的师者,竟露出羞赧之色,他用了几个"诚惶诚恐"表达自己的感受。

今天我很诚惶诚恐,我其实没有你们讲的那么好……

这么多领导、朋友亲自来,我真的有点诚惶诚恐。我不希望多宣传。所以,还是尽量低调一点,还是把精力多放在艺术的创作上,放在做实事上……

我最大的消费就是在外面吃碗面,一个人在物质上的享受是有限的,但是,在艺术上的追求永远没有止境……

要那么多钱干什么? 都是身外之物呀! 一个书法家真正的价值就是你要把字写好!

经常有人说我作品价钱便宜,实际上我几十年来(作品的)价钱没有变多少,作为艺术家,我们的作品应该飞入寻常百姓家。

……

让书法这一优秀的中华民族传统文化"飞入寻常百姓家",正是刘小晴努力践行和追逐的书法之梦。

尾声

幸福小镇里的"古代人"

岁月向晚,韶华易逝,然士子之心怦然依旧。

2017 年 7 月,酷暑。蝉儿在树间厉声嘶鸣,树梢的叶子被烈日烤得垂头耷脑,蔫嗒嗒毫无生机。37℃以上的酷暑已经多日连击上海。在浦东高行"幸福小镇"的一处居民楼里,刘小晴的书房户牖大敞,他穿着一件老头汗衫,端坐在书房,低头习字,没有空调,甚至电风扇也转转停停。一杯茶、一支烟,自带清风,自得其乐。

夏日,骄阳如火,静心创作

有客人来,刘师母会从隔壁的房间里出来招呼,她会和客人抱歉:"刘小晴从来不开空调,一开空调他就难受,要生病。"如果客人是女士,她则高声对丈夫说:"刘小晴,侬香烟好少吃吃咧,勿要熏到客人!"看情形,客人不在时,"少吃香烟"的话,师母对刘小晴说过无数遍,他都当耳旁风了。旁边,烟蒂们正横七竖八地在烟灰缸里躺着。"勿要熏到客人"的话一说,只见刘小晴讪讪一笑,乖乖掐掉香烟。

"7 月初他去杭州参加胡问遂先生诞辰一百周年学术论文评审会,前后三天都在空调房,回上海后,就说身体不适,天天吃粥,三天后才缓过来。"许是怕客人误会,刘师母补充,"刘小晴是古代人,大冷天大热天都谢绝空调,真吃勿消伊!"

在这件事上,仗着学中医的底子,刘小晴不听刘师母和女儿的规劝,他我行我素,"一辈子不开空调",弄得刘师母一到大热天、大冬天,只能一个人紧闭卧室房门,像个"闺房师母"。

不过,一年四季户牖大敞也是有好处的,除了新鲜空气可自由流通外,每到傍晚时分,悠扬的琴声也会从这幢小楼的每扇窗户中流泻而出。老两口和女儿家住在一个小区,外孙女放学回来后,就到这里来弹会儿钢琴。刘小晴享受这样的时光,年轻时当钢琴陪练师的情景历历在目,岁月到底还是眷顾他,让他走上了眷恋的书法道路,但音乐的训练,让他在艺术的通感上获益良多。几年前外孙女获得过一项钢琴比赛的小奖,他高兴不已——不管将来从事什么职业,艺术的熏陶总归是人生的一抹亮色。

黄昏总是这样美好,饭菜的香味从厨房溢出,外孙女弹好琴,热闹地跑进跑出,那只养了多年的秋田犬妮妮,也跟在身后,亲昵地围着打转。灯火亮起来了,暖暖的、柔柔的,一家人团聚在一起,谈天说地,天老地荒。

退休后,常与书画家们雅聚

门还是要出的。老东家朵云轩延请刘小晴开课,几次三番推脱不掉;多年来的教学点,学生们也在翘首企盼,总不能让人扫兴。走在马路上,不会有人相信这是一位年届八十的"老人"。一米八几的身板,腰板笔直,胖瘦合度,加上招牌式的齐耳发型,由内而外的气度涵养,不风度翩翩都难。看他的身材神采,有人问他是不是坚持游泳健身或者跑步打太极什么的,他朗笑:"书法是最好的健身之道。小楷是最好的休息与养生。"

说起来,刘小晴还真没为保健养生专门练过啥把式,好身体和好身材除了得益于父母的遗传外,喜欢体育,从小打篮球、游泳、练体操等给了他一个好的身体底子。青年时代,以自行车当步,每周甚至每天都长途骑行,让他间接锻炼了身体。退休前几年,自行车升级换代成了助动车,他骑着"小电驴"每天从上海东北部的江湾横穿上海,到位于沪西的书画出版社上班。接待克林顿到访上海那段时间,为安全起见,有关部门曾建议他不要再骑助动车了,但他并未接受建议。之后,对前来关心他的人说:"人随车震动,五脏六腑在运动,这是很好的锻炼。"

青壮年时,为了挤时间,和时间赛跑,只能牺牲睡眠时间。退休后,作为一名曾经的中医,他循中医理论,坚持早睡早起,晚上9点前熄灯睡觉,雷打不动。吃得也简单,以素为主,新鲜蔬菜及乳腐酱瓜蚕豆是他的"座上宾"。他本不喜应酬,到了这个年龄,更是几乎谢绝了所有抛头露面的事。有时为了礼节,出席活动,也必定坚辞请吃,回家吃饭,吃得自在、放松。

如果一定要总结他的养生之道,真还是书法。关于书法可健身,刘小晴有语录如下:"写书法有一个运气的过程,当毛笔在宣纸上起伏移动,就像练气功,绷紧的神经会慢慢放松,全身的肢体会逐渐轻灵。""书法可平矜释躁,滋润心灵,老少咸宜。"而他关于"品德修养是更为重要的养生,遇事不耿耿于怀,善于自我调节,积极化解,知足常乐"一说,发自内心,更是养生鸡汤,颠扑不破。

这个"古代人",遵古礼,每年除夕都守岁,守岁的方式是在爆竹的隆隆声中静心写字,写的多是他最拿手、最喜爱的楷书,他以这种方式迎接每年的农历新年。他不会上网,不用微信,甚至也不会收发短信。他用手机,但手机是那种最最老式的按键式"古董"机,唯一被他使用的功能是接听电话。

一直使用的"老掉牙"按键手机和砚台、笔搁、镇纸等

然而,这位"老古董"在丁酉年(2017年)七夕节——年轻恋人们在这个中国的"情人节"满世界"撒狗粮"(网络语,秀恩爱之意——作者注)的日子,却赶了一把时髦,成为媒体镜头里重点捕捉的对象之一。

这一天,他穿上唐装,兴致勃勃参加了一个由上海市文联组织的"手写婚书"活动。用他那支定制的羊毫小楷笔,郑重其事,给一对新人写下婚约:"喜今日嘉礼初成,良缘遂缔。诗咏关雎,雅歌麟趾。瑞叶五世其昌,祥开二南之化。同心同德,宜室宜家。相敬如宾,永偕鱼水之欢。互助精诚,共盟鸳鸯之誓。此证。"说刘小晴"赶时髦"绝对是假,用手写婚书这种具有隆重仪式感的方式,彰显书法的实用和礼仪价值,传播和弘扬传统文化,是刘小晴心甘情愿"出镜"的真实意图。

"现代社会有太多无用的信息,占用了太多的时间和空间,生活受到干扰,电脑、网络给传统文化造成的冲击太大。书法更是被挤压到一个狭小的空间里,弘扬中国传统书法,首先要给书法一个清朗开阔的空间,让书法回归实用性,走进人们的生活。"他在多个场合如此表达。手写婚书,让古老的书法,走进年轻人的生活,见证传统与现代水乳结合,正符合他传扬书法艺术,让书法真正发挥实用价值的心意。

2018 年 2 月,文联党组领导和上海书协领导探望刘小晴

也正因为如此,虽然近年来他每每请辞各种"站台"活动,但每有能弘扬书法传统价值,具有普及和惠民意味的活动,他总乐于身体力行。2018、2019 年连续两年由上海市文联等机构主办,现场为各界群众写春联、送春联的"春联大会",他都参与其中。

他正用自己的行动,努力做一个现代版的士大夫。

偶尔,他也会生出岁月忽已晚的感怀。2017 年春节前后,这种感觉伴了他好些时日。那段日子,他先是得到老同事方传鑫胰腺癌生命垂危的消息,继而又知沈培方也病倒了,心情难免郁结。在得知两人住院后,怕对方拒绝,还托弟子徐宏斌带上慰问金探访,几次关照,一定要送到。后来,方传鑫终因医治无效在除夕的前四天辞世,整个春节,他低徊落寞,伤离别的情绪,弥散在他的周身。他闭门谢客,家人、弟子都感受到了他无言的悲伤。丁酉春节后,人们发现,他原先花白了三分之一样子的头发,突然就变成大半白了。

方传鑫小刘小晴 6 岁,先于刘小晴进书画社。当年他们是办公室里的邻居,办公桌紧挨在一起。两人都正直低调,潜心修学,私交甚笃。刘小晴一直佩服方传鑫对碑帖的研究,对篆刻的用功,对他在隶书、行草上的功力也十分欣赏。如此一个惺惺相惜的朋友竟然匆匆别离,他怎能不伤怀?!

沈培方则是他宝山"赤脚医生"时代就结识的老朋友了,两人兄弟般无间,常常相互激励,刘小晴欣赏沈培方的才气。当然,更多的时候,刘小晴的为人、为学砥砺着沈培方。刘小晴话少,沈培方话多。有时候开坑笑,沈培方会说:"穿条鱼浮在水上,老黑鱼沉在下面。"意思是,自己话多,书法功夫尚浅,不过是条在水面上穿来穿去的小鱼;刘小晴话不多,不显眼,却沉潜在书法中,有分量、有功力。如今,有才气的"穿条鱼"兄弟也身患恶疾,叫刘小晴如何不黯然?! 2017年9月,沈培方因病医治无效,不幸离世,刘小晴悲伤不已,这之后的很长一段时间,他都闭门谢客,师母到他的书房,每每都看到烟灰缸里满满的一缸烟蒂。日月忽其不淹兮,2019年岁始,农历己亥年来临前夕,他又失去了一个前辈、同事、好友——98岁的上海书坛大家高式熊,这又让他悲怆不已。

灯下展籍,伴着春花蛙鸣蝉噪秋虫冬雨,他会遥想当年父亲对他的那些教诲和举止。他终于懂得了父亲当年为何让他熟读《古文观止》外,还要让他学习古典诗词,让他赋诗作文的用意。人生匆忙,子欲养而亲不待,父母的殷殷之情和拳拳之心,他说不出口,却了然于胸。他能做的,是遵双亲的教诲,好好做人,做个好人。在书法的道路上努力跋涉,朝汲阳,夜采露,乘物游心,争取在有生之年,再有所斩获。

刘小晴上海市文史馆馆员聘书

上海市文史馆甲午年馆员祝寿合影,前排左三为刘小晴

1995年父亲离世,相隔一年后,母亲也随父亲去了。父母在世,他永远觉得心有安处,一旦失去,才真正体会到"子欲养而亲不待"的苦痛和无奈。他把对父母的思念寄托在对故乡的满腔热情上。家乡的事,大大小小,他总是放在心上。

2018年10月9日,农历戊戌年九月初一日,为纪念崇明岛成陆1400年,崇明举办了隆重的系列纪念活动,活动中的一个重头戏,就是"崇明成陆1400年记碑"揭开面纱。《崇明成陆1400年记碑》由崇明籍作家、诗人徐刚撰:"夫若以大浪淘沙视之,

父亲刘汉明

母亲丁景清

则 1400 年江海奔流，沙在天涯海角矣；夫若以上善若水视之，则长江携九州美壤 1400 年层垒叠加于江海中者，惟崇明岛矣……"全文 1272 个字，以骈文音调诗赋言，文采飞扬，大气儒雅。而其书法，则由刘小晴写就，字法谨严笔法精致，又不乏俊逸洒脱。文和书，可谓椽笔双美。整碑高 70 厘米，宽 380 厘米，每字字径 3 厘米，整碑劲挺飒爽，典雅端庄。

　　这千余字楷书，刘小晴写得并不轻松。写碑帖书法，他比较习惯四五厘米见方的，因为安置地点的原因，这次只能写 3 厘米大小，在作品交付后，他说了这么一句话："这张字是我最喜欢又是最难熬的一幅字，放在故乡，自有评说啊！"

　　从 2018 年起，他多次向贴心的友人、弟子透露心迹：过几年，想办一个专门的小楷展。"2015 年我办了楷书展，下一次我若办展，要办一个小楷展，只展出小楷。但是

2018 年 3 月，受邀参加书画泰斗陈佩秋大师工作室揭牌仪式

要有点变化,要在以往的成绩基础上,再有一些突破。书法学无止境,也没有年龄限制,所有人都是穷其一生在探索,我想把小楷再好好提高一下。我最近在尝试将行书的笔意融入到小楷中,但是怎样达到一种最佳的状态我正在摸索……"这个话,出自一个时年77岁老人的口中。

在结束这部传记写作的时候,刘小晴小楷作品《超然台记》的跋文跃入眼帘,跋曰:

> 古之贤者自能超然物外,乘物游心,故粗茶淡饭亦足以适吾之口,野菜果蔬足以充吾之饥,村醪佳酿足以解吾之渴,棉袍布衣足以暖吾之体。况人处天地之间,如沧海一粟,需求有限,惟做学问求艺术则永无止境也。

岁月向晚,韶华易逝,然初心不变,壮心不已。刘小晴心中,仍然高擎着书法艺术之梦,那是他永动的士子之心。

艺术访谈

时　　间：2016 年至 2017 年 4 月
地　　点：刘小晴寓所
采访人：倪里勋
受访人：刘小晴

书法艺术，兴味无穷

中国书法蕴含丰富的东方哲学

倪里勋(以下简称"倪")：传统、经典的东西总是耐人寻味，有不竭的艺术魅力。您浸淫书法理论实践数十年，对传统经典蕴含的东方哲学思想，一定有很多感悟。

刘小晴(以下简称"刘")：中国书法的文化底蕴非常深广，在整个文化系统中，它虽是一个"小道"，但它蕴含丰富的东方哲学思想，这是我们传统文化中最经典、最精华的部分。

我觉得中国书法最好的年代是魏晋时代。三国两晋南北朝时期，由于连绵的战争、自然灾害、疾病等等，男性的平均寿命 40 岁都不到。当时的文人充分意识到生命的短暂，士人们重视精神生活，高蹈远举，清谈成风，做自己喜欢的事，志趣相投的人集结在一起，谈书画、音律、诗词、佛教、玄学、长生等话题，形成了一种特别宽松的文化氛围，它超然于功利之上，正因为如此，文化艺术得到了空前的发展，出现了一大批文艺人才。

中国古代文化发展史，也可以看成是一部发奋史。很多古代的文人，以治国平天下为己任，但这些人在政治上得志者并不多，最后把人生经历的苦痛、所有的情感都倾注到艺术上，以艺术"修身"，最后，他的艺术成就了他的人生。

王羲之是魏晋时期的典型人物。他 7 岁开始识字，先拜卫夫人为师，后来又渡过长江到山东等地游学，看了很多魏碑。回到家乡绍兴后就临池学书，下了常人无法想象的功夫，到了四十七八岁终有所成，后来他官至"右军"，却最终由"济世""愤世"转向"出世"，辞官后一心钻研书法。王羲之留下来的作品真迹不多。相传他的作品经历过三次浩劫：一次是西晋皇族八个封王纷争时，渡船倾覆，毁于江心；第二次是因隋炀帝兵败时，他的作品被毁；最后，是唐朝太宗皇帝，他因为喜欢王字，在全国网罗到1800 多卷王羲之的作品藏于内府，却因为安史之乱，毁于一炬。

在王羲之留下的不多的摹本和极少的真迹中，我们可以感受到一千多年来，王字立于不败之地的原因：他的书法融合了我们中国哲学的两大体系：中庸之美、道法自然。这是东方哲学的内核和精华。

第一，中庸之道。你看王羲之的字，不激不厉、不方不圆、亦方亦圆，刚柔相济、肥瘦适中，从容中道。他把每个矛盾，都恰到好处地统一到了一起。"增之一分则太长，减之一分则太短。"他的字,蕴含了严格的法度。

第二,道法自然。他的字,平和简静,遒力天成。和谐、简练、娴静,没有任何习气,有一种非常高雅的东西在里面,与此同时,还细腻流动,变化无穷。在"天下第一行书"《兰亭序》中,我们可以看到,二十个"之"字没有两个的写法是一样的,这才是艺术的最高境界。

也正因为如此,我觉得王羲之的书法,达到了中国历史上,任何人、任何时代都没有达到过的境界,是我们中国书法中最经典的东西。虽然他的真迹很少,很难系统直接研读,历史上所有研究王羲之的书论家,由于理解不同,吸收的程度不同,研究结果也有差别,但其中包含的哲学思想,是一脉相承的。

书法的骨子里有"法度"

倪:参观各类书法展,常常能见到一些新奇的作品,比如尺幅超大的、龙飞凤舞到专业人士也不好辨认的,这些,确实给人较深印象,在视觉上也有冲击力。您怎么看?

刘:苏东坡很早就讲过一句话:"因奇求奇,奇未必得,而牛鬼蛇神之态得矣。"中国书法不追求面貌,而追求由内而外的各种自然流露,是一种骨子里的"法度"。学习书法首先要以共性的东西为根本,求索艺术内部的客观规律,不花很多年工夫肯定是不行的。

现在书法界有一种急功近利的现象,基础还没打扎实,就想走"捷径"。要么极力夸张变形,甚至变形到打破文字的可读性;要么刻意追求形式,追求展览效果,要有"第一视觉冲击力";还有就是写"儿童体",美其名曰"返璞归真"。小孩子写字涂鸦,无法度可言。这都不是高档的东西。字写得嚣张、霸道、怪异、拙劣,以为这就是"新",这种外在的表象是经不起推敲的。

研究中国书法,一定会发现,几千年来,流传下来的历代精品书法,多是手札、手卷等小品,都是可以拿在手里把玩、品味的。它们经得起推敲,耐看,有"第二视觉效果"。这些字可以挂在屋内、墙上,和人朝夕相处,日日相对,越看越有味,这才是好东西。

这些好东西在不同的历史时期、不同的人笔下,会有微妙的变法,但不会是夸张变形的,它的变,不是瞎来来,一定是在传统的管束下进行的组合。就像对一个人相貌好坏的评判:五官端正、四肢匀称,这是基本的要求。字也一样,在基本的要求下,不同的美,会有长短、细密、形态等的不同变化,但不可能毫无章法。它有一种内在的质感:点画是有厚度的,能深入到纸张中;能藏骨抱筋,含文包质,血脉在血管里流动,外面看不到,但你能体会到,这就是内涵。

学书法必须扎进传统中去

倪："创新"这个词很流行,各行各业几乎都在提,社会要进步、艺术要发展,都离不开"创新"。您如何看待书法艺术的创新?

刘："创新"这个词美妙动听,沿用了很多年。从理论角度讲,一个艺术家,需要一种创新精神,要呼吸时代的空气,要有强烈的艺术个性。

我理解书法艺术所谓的"新",是一种自然的流露,一个艺术家可以追求真、美、好、高、雅,但是,有一样东西是不好追求的,那就是风格。风格不是设计出来的,也不是创作出来的,它自然形成,然后自然流露。

现在,书法界的魏晋之风,相互真诚切磋的文化氛围、学术氛围正在淡化。过去,文人、书家在一起,谈古说今,交流书艺书道。文艺、文化的批评也比较正常,一个人,他看到一篇评论的文章,其中一句话中的,使他醍醐灌顶,如冷水浇背,醒悟到自己的不对,这才能促进成长和进步,这才是艺术批评应该起到的作用。但现在是什么情况? 很多书法家出名,是靠钱来铺路的。有了钱,可以自己开展览,可以出作品集,可以请记者给你写吹捧文章……在功利性社会里,艺术品质量严重下降,大踏步沦为商品,再加上电脑改变了人们的书写习惯,书法的实用功能,也日益衰落。

在这样的情况下,书法艺术难逃商品之劫,甚至表现出更强的功利性。我举个例子,某省一位书家,他的字,在没有书协职务头衔时,很普通,但一坐上"位置",马上变成一方尺 10 万元甚至更高了。一幅四尺整张的字,就是 80 万元。这种情况还不是个别现象,很普遍。这是什么概念? 这就是说,一幅字,动辄就要几十万元、上百万元,普通老百姓根本买不起——如果任由这种风气发展下去,书法艺术的繁荣和发展,就会一点点地失去群众基础。何况这样的价格,很多购买者本身也并非真正喜欢,有相当多都是企业的老板装装门面的,更有买了后送领导的,因此,这里面还存在权和利的交易,这种情况的存在,书法艺术无法不走下坡路。

显然,从时代的氛围来讲,弘扬中国书法,目前我们缺少的不是一种创新精神,而是一种继承精神。严格来讲,我认为书法艺术"创新"之说实际上非常值得推敲。书法艺术只有高低、雅俗、好坏之分,没有新旧之别,我们现在必须先把"继承"做好。搞书法的人,必须沉下心,扎实学习,用最大的功力,打进"传统"里去。

我坚持走雅俗共赏之路

倪:您前面提到"严格的法度",如何理解书法艺术中的"法度"?

刘：书法艺术中的"法"，是研究书法艺术具有个性的一种客观规律。包括了笔法、墨法、章法、结构等。也包括这些技能之间的协调、配合关系，它是一种技巧，也是一种传统功力。好的书法必定以"法"为基础。一个好的书法家，一辈子追求的艺术境界中，必定包含了"法"的境界。

倪：一个好的书法家，一辈子追求的境界，除了上面提到的"法度"，您认为应该还包括哪些方面？

刘：我认为，一个书法艺术家，一辈子要追求四重境界：

一个是"形"的境界。书学是形学，非常讲究形式美，它通过形来追求笔法，并上升到"法度"。在中国书法理论中，神采为上，形质次之，兼之者方能昭于古人。

形有三种形式：第一是装潢形式，第二，外形式，第三是内形式，即用笔的内涵。我们平时所说的藏骨抱筋、含文包质即是内形式，它是藏于内部，一眼看不出，但能体会到的。一个人若写字写到能考虑字的内涵了，那么，他的字往往就具备了质感，经得起推敲了。古人云"质之中藏者，得赏音于千古"，有了形质，可达到百看不厌的境界。通过形，可以找到笔法，进而才有可能上升到第二个境界："法"。

"法"的境界刚才我已经讲过。中国书法以法制相许。比如研究中锋和侧锋、方笔和圆笔、藏锋和露锋、用笔的轻重徐急，这类关系，均属于"法"的内容。光一个"法"，如果专修书法，一年都上不完这门课。

第二重境界再上一个台阶，就上升到"理"的境界。"理"是研究书法艺术具有共性的客观规律。理一通，一通百通。

如何理解"理"？它的内容也很丰富。从写字需要的笔力来讲，笔力有刚柔、虚实之分；同时字讲究骨肉相称，便是骨力；写字还要有气、势，气研究点画之间的笔势关系、字与字之间的"行气"关系，行与行之间的气势关系等等，都属于气势范围；而在创作之前，培养自己的创作激情、灵感，称为"养气"。这都是技巧方面的"理"。

"理"还可以从审美角度上分辨。从这个角度讲，它又分为金石气、书卷气、山林雅逸之气、飘飘欲仙的仙气、江湖市侩气等等。中国书法所有的形的变化，都是为"气"服务的，所谓"因势生形"。这都属于中国书法的审美范畴。

另外一个非常重要的审美就是"韵"，"韵"是"理"的重要组成部分，它是指一种和谐的节奏，"气韵，生动是也"。节奏的变化，产生生动的墨韵。它不仅表现在用笔上，还表现在字与字、行与行的轻重徐急、参差错落、齐整交错的变化。在章法布局中则体现为有虚有实、有黑有白，充满了一种生命的律动。

最后一重境界：道。这是艺术的最高境界。

道实则就是自然，在书法艺术上，理解为技与自然的统一，也就是天人合一、道法自然。达到一种心手相望的境界：不求功而自功，无意于佳乃佳，天机自动。就像一名高超的钢琴家在演奏中，把技巧全部忘记，把整个身心融化在对乐曲的理解中，自由舒展天籁之音。此时，艺术和自然融为一体，臻于老子的"无为"之境。

倪：您认为自己目前到了哪重境界？

刘：我现在被"法度"束缚，正在追求"理"的道路上求索。离"得道"还很远。所以，我一直认为，自己还称不上是"艺术家"，只能是一个"书法工作者"。

真正对得起"艺术家"称号的，我认为应该达到艺术共性与艺术个性的完美结合。他的书法作品，既要达到公认的艺术共性，又要有强烈的艺术个性。历史上名垂千古的书法家，他们的作品，风格都不一样，后人只要认真学习，都会从中获益。这才是经得起推敲的好作品。所以，如何把握艺术个性与艺术共性这个"度"，很难，很重要。这也是我在"法度"中不断追索的重要原因。

中国哲学里的"中庸之道"我极为欣赏、推崇，它不偏不倚，恰到好处，达到了一种动态的平衡，里面充满了智慧。

所谓"中"，中和，平衡，好理解。而"庸"就是平常，我理解是一种朴素，这一点，对我的创作非常有启发。我认为，真正的美，站得住脚、留得下来的，都是朴素的，它一定是老百姓看得懂的，不是奇形怪状的。对我来讲，就是要坚持在艺术创作中走雅俗共赏之路。

我与楷书

"农村包围城市"

倪：业界评价你的楷书，尤其是小楷"端庄秀雅，功力深厚，有古质之气"。我看到一篇关于您的报道，题目是《文征明后，小楷第一人》。我采访的一些书法家告诉我，您是我们这个时代的"小楷之最"，您自己怎么看这种评价？

刘：书法艺术绝对不能用"最""第一"这样的语汇评价个人作品。在楷书方面，我只能说有些心得，比较擅长而已。

写小楷比较多的原因，最初是因为穷，没钱买纸张，为节约，只能将字写小。而我的开门老师钱瘦铁，让我临写钟繇的《荐季直表》，对我影响深远。但初学书时，我并不理解钟繇字的审美价值，对老师的安排也非常疑惑。当时我喜欢写一些外形看上去比较"漂亮"的字。后来，经过一段时间的反刍，明白了老师的用意。

为了研习钟繇的字，我先临明朝王宠的小楷，后来学文征明，董其昌，转而再学宋朝赵孟頫，之后学唐人钟绍京的《转轮圣王经》《灵飞经》。有了这些基础后，才集中力量攻王羲之的《黄庭经》《乐毅论》《孝女曹娥碑》。经过反复临习后，再回到钟繇的《荐季直表》《宣示表》，方才理解其中的美妙。在这两本帖上，我下了很多功夫临写、学习。不过，我用功最多的，还是王献之的《洛神赋十三行帖》。另外，我在颜真卿的《小字麻姑仙坛记》的学习上，也下了不少功夫。

我把这种学习方法叫做"农村包围城市"，先从明清时代的作品入手，因为这些作品是真迹，笔力笔法一目了然；然后上溯到宋元、唐代，最后是魏晋王羲之、钟繇等人的字，他们的字，都是刻帖，笔法墨迹不容易找寻，理解上有难度。通过由易到难，从外围包抄核心的方式，才得以慢慢领悟。

因为知道我临写过历代很多名家的小楷，我的老东家——上海书画出版社在十几年前专门给我出版了一本《刘小晴临历代小楷十三种作品集》。

尽管已经有了一些成绩，但我充其量只不过是一个书法艺术的爱好者、工作者，这不是谦虚，真正的评判者将是历史。

艺术是一种个体的劳动，一个真正的书法家，应该就是一座金字塔。这个金字塔的底盘一定要大、要深。这个大而深的地基由什么奠定？那就是中国传统文化。如果一个人单单为写字而写字，那他的字，一定写不好。他必须懂得中国传统文化，包括哲学、书学、美学，也包括文学、诗词，等等。而我，还远远没有做到。

以历史的眼光看，真正的"家"，是那些集中在金字塔塔尖上的几个人，这个塔尖，有两层含义：一个，是你要有自己的拳头产品；第二，你要有自己的风格特色。一个时代，三四百年，只不过能出十几个、二十几个这样的人才，这些人，才是站在塔尖上的书法家。而所谓的"大家"更不能瞎称呼。只有开派的，有自己的理论体系、有自己强烈艺术风格，将来几代人还能长久地研究你、学习你的，这才叫"开派"，才能叫做"大家"。

学而不笃则得不深

倪：在我看来，写小楷比其他书体更需要凝神静气，它费眼神、考功力，同时还不那么容易形成自己的风格，比较难出"成绩"。您在学习小楷的路途上，有没有想到要放弃或者改弦更张？

刘：我相信这个道理：泛爱则情不笃，专一则思不广；爱而不学则知不真，学而不笃则得不深。我的拳头产品是小楷，这也许与我比较有定力，能心无旁骛，静下心来写有关系。但其他字体我也练习。书法的各种书体是一体的，不可能出现其他书体写不好，只有一种字体写得好的状况。

楷书要写得好，必须要旁通其他书体。在写小楷的同时，我写大楷，也写行书、草书等字体。我出版的大楷字体比小楷多。很多人不知道，我还喜欢画山水。只是因为一个人的精力有限，画山水，只能偶尔为之。

小楷写得好，大楷一定要好，因为小字里详细曲折、结构用笔等，必须在大字中解决。大的楷书，八尺整张的，我都站着写，目的是锻炼笔力，如同练气功。

古人云：行书呈动，楷书呈静。楷书妙在静中有动，行书妙，妙在动中有静，它们之间是相互关联的。楷书要写得活，写得流动、生动，方法可从行草中得到。这些字体，我都研习、实践。

人的精力有限，生命也有限。我十几岁开始写字，写到现在六十多年了，我先学写字，后来又攻理论，理论提高了我的眼界，但也因此感到痛苦，因为我知道自己眼高手低，我的字还无法和古人抗衡——我没有把字写好！

在书法上，我存有两大遗憾：一，我已经没时间去旁通篆隶了。篆隶在年轻时我学习时虽有涉足，但没有专门下功夫；二，我非常想写草书，包括狂草，现在也没有时间去研究大草。

艺术的追求永远没有止境，但一个人要样样都好是不可能的。我希望自己在有生之年，能集中精力把小楷写好，小楷之外，再加一个附属产品——小行书。尽管我这些年来一直在努力,但直到现在还没找到最佳的感觉——没有一张作品是自己很满意的。这其实是一件很痛苦的事情。再给我十年,如果余生我能够在这两个方面有所突破的话,我觉得就没有什么遗憾了。

书法教育

师之规矩

倪：您从 20 世纪 70 年代开始从事书法教育，一直到现在，四十多年过去了，从未间断。我了解到，教学中，您一向注重学生的基础训练，特别强调对楷书的学习研究。这里面一定贯穿了您的书法教育理念。

刘：我培养学生特别重视基础训练，让他们在刚开始接触书法时，就扎实打好基本功。君子图本，小人图末。舍本图末，将来不可能建成自己的书法大厦。

写书法必须以沉着为本，沉着以后才能痛快。什么叫沉着？沉着就是特别精到、细腻、到位。而最能训练一个人沉着的书体，无它，只有楷书。

广义的楷书包括篆书、隶书、魏碑和唐碑。篆书是圆笔之本，隶书是方笔之本。所谓"打基础，学唐碑；求变化，即临魏碑"。很多人不知道，北碑是一种不成熟的楷书，是在楷书处变时出现的书体，变化非常大。我主张，打基础，一定要把唐碑学好，唐碑绝对是楷书中的上品。

唐代的楷书非常成熟。中国书法在此之前，经历了数百年的演变，又经三国两晋南北朝的淬炼，至隋代，楷书融南北于一炉，已有成熟的雏形，至唐代，楷法达鼎盛时期。这是楷法的"天时"。从唐初的社会环境看，唐朝的统治者有比较深的文化底蕴，太宗特别喜欢王羲之的字，在朝廷里还专门设立机构，招收贵族子弟学书法，并以书取士。上有所好，下必甚焉，当时出现了一大批书法家。唐朝时，印刷术还没有发明，大量的经书、公文都需要手抄，出现了以抄经、抄书为职业的"经僧"和"书生"，这样，出现了一批民间书法家，书法的发展有了群众基础。再加上开元时期经济繁荣，物产丰富，手工业发达，八方来朝，这也为书画艺术的发展奠定了经济基础。所谓"天时地利人和"都有了。

我主张教学一定要师之以规矩，不能师之以形貌，要教学生方法，为学生打基本功。一个字的基本结构，你可以在楷法中解决，你用笔的方法，可以在楷法中得到，在这个过程中，你的骨力、笔力才能产生，把楷书的基础打好，再去写行书，就方便了，写狂草，才可能痛快。

吃"百家饭"

倪：那么，对初学书法的人来讲，就是盯住唐代大家的一本字帖练习？

刘：我教学生书法，对刚起步的学生，会根据学生的书法底子，让他选定一本自己喜欢的字帖临写。等选定好了，就要脚踏实地，跟着帖亦步亦趋，从头开始学。

唐楷之所以说它成熟，是因为各种形式的字，都发展得非常成熟，其中有骨力、法度严谨的，被欧阳询写了；字形胖的，被颜正卿写了；瘦的被褚遂良写了；圆润的，由虞世南写了；方劲克敌的，被李北海写了。而柳公权又结合欧字和颜字特点，形成了自己的风格。所以唐朝的楷书无论在风格上，还是在结构上，都达到了完美。无论哪种形态，只要自己喜欢，都可以作为入门书体，潜心学习。

这里面，对初学者来说，打基础最好的字，我认为是欧阳询的字。包括他的《九成宫醴泉铭》碑帖，但欧字比较难写，尤其"九成宫"三字最难。民间有"九成宫九成宫，十个里面九个不成功"的戏言，指的就是难以模仿。这是因为它是奉敕之书，写得一丝不苟，法度极为严谨。

《九成宫醴泉铭》是欧字最典型的代表。它的结构看上去是平的，但其实非常险劲，它的点画又非常挺拔、圆润。欧字还有一个结构上的特点，很多人没有注意到。就是每个字所占的格子比普通的字格小，我算过，大约只有 3.4 公分，相当于普通格子的四分之三大小，但他的字每笔都很到位，看上去很大，妙也就妙在此。这是值得当今书坛研究的一个独特现象。

《九成宫醴泉铭》还有一个妙处，就是笔画明明看上去是方笔，但实际上是圆笔。它里面既有篆意，又有隶意。发笔方，终端圆，方圆并用。"有锋以耀其精神，无锋则含其气味"，看似平，实则险。

但是，有一点需要提醒，欧字留存下来的，都不是真迹。我们现在看到的碑帖，都是拓印下的，当时用了最好的刻工，尽管刻得墨色结构非常像，但墨迹中的枯笔、浓淡、发笔、运笔时的笔锋、锋芒，收笔时带出的纤丝，因为后世不断拓印，笔画细的，时间一长笔延没了，只留下一个架子，原来比较肥的字形，也越来越瘦。这就像我们研究王羲之的书法一样，王羲之大量的真迹已经无处可寻，他的书法的内延笔法是怎样的，每个人都只能自己体会了。

所以，这里面又延伸出一个问题：在得不到真迹的前提下，该如何学习？我建议，第一，从留下来的行书墨迹中探讨出路；第二，从历代书法家临习的碑帖中寻找笔意；第三，从唐人抄录的写经文字中寻找用笔方法。

总之，打基础，要盯住唐楷，但是，也不是说就只抱这一本字帖过日子。历史上没有一个书法家是只学一个人的,他必定博采众长,吃"百家饭"成长。

中国的书法发展史,你也可以把它看成是帖学发展史。碑是用刀刻出了的,帖是用毛笔写出来的,两者味道不一样。碑可以强筋骨,帖可以养气血。一般来讲,字的骨力是从碑学中得来的,笔法是从墨迹中透出的。

我们学习、研究中国书法,绝不能轻史,不能狂妄。唐代的书风,是中国书法史上最值得研究、学习的。当然它也是最难学到位的。

眼睛要永远高于手

倪: 您有一个"十八层地狱"的比喻?

刘: 唐朝的楷书写得登峰造极。唐碑以法度取胜,唐碑难写,在于它毫发生死,纤维向背。一根线条相差头发丝那样细的差别,就决定了胜败,它向中有背,背中有向,一点点不对,一个字就坏了。所以,必须经过严格甚至"魔鬼"式的训练,才能有所突破。

这个训练,包括两方面的内容:第一,手;第二,传统功力。训练手,就是训练笔墨技巧,这是一种微观的研习。这要从"十八层地狱"开始,一层层做将出来。

第一层,"永字八法",它非常枯燥。过了这一关,进入第二层地狱,它是楷书的结构。第三关,是章法布局;再往后,分别是墨法、笔势、笔意、历代风格、流派……如此,一层层做将上去,就像过一个个险恶的隘口,没有过"地狱"的心理和决心,没有忍耐和坚持,是打不开通往书法自由世界大门的。

倪: 说说带有普遍性的东西吧,比如,您觉得,应该如何训练一个人的艺术审美?

刘: 我有一个主张:眼睛要高于手。啥叫眼睛?眼睛就是你的审美观念。"手",是指你写的字。写得好不好,要靠实践,写字不是靠理论论出来的,要写得好,只有多写。

你的审美,可以影响你的立意。你的艺术立意高不高,全会在你的眼睛中体现出来。如果眼睛不凶,将来是提不高的,讲穿了,就是你领悟不到艺术的真谛。

艺术创作是一个不断吐故纳新的过程,把好的吸收,坏的吐出去,逐渐完善自己。这个吐纳的过程,就需要判断力,要有审美观念和审美能力,有审美能力就能看出自己的不好。

写字最怕感觉良好,如果对自己的字洋洋自得,觉得无懈可击,那么,你就"危急"(沪语,麻烦的意思)了,你的艺术生命也就完蛋了。如果你今天写了一幅字,觉得非常满意,但明天看看,觉得有很多不满意,后天看看,发现缺点更多了,这说明你的眼力提高了。

搞理论，搞研究，会让你提高审美，知道什么是好的，什么是不好的。具体用什么办法？八个字：纵横博览，雄视古今。纵，唐宋元明清，三国两晋南北朝，汉代、六朝等等都要研读；横，各朝代有几大流派，多少个大家，特色如何，一定要细细品味体会。只有看得多，才能养眼神。眼力是全靠"富养"出来的，而且还要好东西养，如果你整天看蹩脚的东西，眼睛是要看坏掉的。

倪：您愿意说说上海书法界吗？您怎么看上海的书法状况？

刘：上海是个"海"，科技发达、信息流通，海纳百川，任何人，落到海里，可能会被淹没，但只要有本事，就能立于潮头，立足上海。上海人有一种包容心理，所以上海人才济济，藏龙卧虎。解放前后，一大批书法家都活跃在上海。比如吴昌硕、于右任、沈尹默、白蕉、钱瘦铁、潘伯鹰等等，实力都非常强，上海的书法地位，在全国占半壁江山。后来，还有谢稚柳、胡问遂、赵冷月、任政等，也是成绩斐然。

可以说，上海的硬件非常好。但是，软件呢？我所说的软件，就是人才，一个书画人才的培养，没有几十年，谈都不要谈。因为很多客观的原因，近一百多年来，中国书法在走下坡路，上海就是一个写照。但好在我已经看到了希望，现在上海中小学生学书法的氛围正变得好起来，很多教育局、学校都开始重视传统教育。我因此也很愿意去中小学做一点书法教育普及工作。我在徐汇、杨浦等区设有几个教学点，上海书法界一些有影响力的人，也有投身这方面工作的，上海书法家协会也在年轻人才培养方面做了很多工作。

荣誉与名利

荣誉太重会成为负担

倪：一个人，不可能脱离环境、脱离社会生存。书法界某种程度上也像一个名利场，您曾经说过，年轻时，您也有成名成家的思想，现在的情况呢？

刘：当今的商品社会，你想要完全脱离它，自视清高，非常难。年轻的时候，成名成家的思想，促使我不断向自己的目标付出努力。但曾经有段时间，我却为名忙为利困，于身心于书法，有百害无一利。

我曾做过上海书协的副主席，十多年前上海书协换届改选，我觉得自己继任的可能性很大，但最后却并没有选上，当时我心里很是愤懑。也有很多人为我打抱不平，后来，组织上来看我，我便直截了当把我的意见说了：一、书法理论，上海滩我出版的书最多，印刷量最大；二、书法实践，我的书法字帖也最多；三、书法教育，我 40 年从未间断。凭啥我不当？……那个时候，我真的就是陷入了名和利的泥潭中，自己给自己带来很多痛苦。现在七十多岁了，这些往事，成了过眼云烟。现在我是实实在在感觉到，名和利，都是空的。荣誉是好事情，但看重了是负担，我只管耕耘就好。

艺术的魅力在于寄托人生志趣

倪：如果不能将名利双收作为书法学习的最终目的和动力，历史上那么多人，包括您自己，在有所成就后，仍几十年如一日笔耕不辍，苦心孤诣，千帆过尽终不悔，这背后的定力是什么？

刘：我从 60 年代初开始正式学习书法，我的开门老师钱瘦铁，"文革"前几年，他是"右派分子"，工资被克扣到几十元一月，家中有七八口人要靠他的工资维持生活，"文革"期间，他的家被抄，还要天天写检查，生活上极其窘困。但我每次到他家，他不是在伏案刻图章，就是在画画写字。他做这些，安之若素，超然于功利之上，他的精神世界是富足的，书画是他全部的精神世界。

历史上，这样的事情也不胜枚举。苏东坡，在被流放到海南，途中经过黄州时，面对凄风苦雨，寒灶冷饭，写下的《黄州寒食诗帖》，悲怆抑郁的心情，在字里行间完全表现了出来，号称"天下第三行书"。黄山谷，罢官流放到岭南，在流放中，他的草书达到

了登峰造极的水平。明朝的徐文长（徐青藤），我以前写过一篇文章，叫《中国的梵高》，就是写的他。这个人一辈子落魄潦倒，弄到后来甚至发了神经，七次自杀。他既是大书画家，又是戏剧家、诗人，但死后才出名。包括唐伯虎，出身贫寒，从小才气过人，但屡屡不得志，晚年时，他的画拿到市场去卖，根本没人问津。最后家中的油盐酱醋包括柴火，都要问邻居借。还有李白杜甫，很多经典名篇，也都是在流放的情况下，深入民间，才创作出来的。这种例子实在数不胜数。

欧阳修有句话，叫"诗穷而后工"，一个艺术家，在这种情况下，往往会将自己的心志全身心地投射到他的创作中。当然，古人说的"穷"，主要是指宦途官场失意和政治生涯中的落魄，并非仅指物质上的窘困。

近百年来，随着商品经济的发展，随着"以书取仕"的废除，艺术的物质功利作用凸显。书画家以书养书，以书养画，并不拒绝"润格"。很多著名书画家清醒认识到对物质功利的追求，只是一种手段，并不是一种目的，对名利地位的向往只是一种动力。一个人如果在艺术生涯中丧失了自我，劳心劳力竭力追求利禄富贵，以功利眼光去对待一切，违背自己的意愿媚悦世俗，势必会泯灭创作灵性。

中国历史告诉我们，艺术的东西，是寄托人生志趣的。不管你将来成功与否，字究竟写得好还是坏，它能带给你快乐。从这个意义上讲，艺术的最大功能，是一种寄托，也可以说是一种寄托人生的游戏。

书法在整个社会分工领域里，是一个极小极小的门类，在社会结构中小到可以可有可无。家中富裕，样样都有了，最后才可能考虑挂一幅字画；可是一旦潦倒落魄，第一个想卖掉的，也是书画。尤其书法，它是属于第一个请出去，最后一个迎进来的东西。学书法的人，如果想以书法为谋生手段，可以说，有 99.9％以上的人，会一事无成。但是，尽管如此，中国历史上仍有那么多人，乐此不疲，尽管他可能不出名，但他却终老而不以为倦。这是为啥？——这是艺术本身的魅力！艺术是可以寄托人生的。

你想，在郊外，你早上起床，窗明几净，然后，你焚香默坐，案头上有几本古帖。你可以随意翻阅。窗外，绿荫蔽天，有几声鸟啼，此时，你铺纸濡墨，临几行古帖，写几幅楷书，古时的先哲先贤似乎都在和你对话，这种感觉何等惬意！当一支笔在纸面上运动时，当你的注意力在笔尖上时，所有的骄傲、烦躁，都会被抛在脑后。这是何等享受！我是学中医出身的，从医学上讲当人的注意力专注地留驻在某种事物上时，它确实能调节人的植物神经，使人产生愉悦感。

倪：您描绘的就是您现在的境况吧？您的窗外，绿意葱茏，这里远离市中心，每次到您家来，在您的书房，听着鸟鸣，看着墙上的《赤壁赋》，闻着茶香，很有些遁世的感觉。

刘：呵呵,确实是。现在随着年龄的增长,我已经把名和利看淡了,觉得这些都是误人的。我一直和学生讲,我们研究全中国书法艺术,并不是追求一个结果,而是要追求一个过程,这个过程是一种甘苦的过程,也是一个享受的过程,是一个不断吐故纳新的过程,也是一个不断自我否定的过程,在这个过程中,可以获得一种审美的愉悦,这就是书法艺术的"好玩"之处、魅力所在。如果一个人研究书法,是背负着成名成家的"使命"来,想着将来如何如何,那么他势必会在书法的名利场上和人钩心斗角。

一个真正的艺术家,人生价值就是作品,你的作品是否有价值,是否经得起历史考验,一切由历史说了算。

附　录

从艺大事记

1942.7	出生于重庆。父亲刘汉明,江苏崇明人。母亲丁景清,江苏苏州人。父母当时均为国立中央大学教师。
1946	5 虚岁,随父母迁往苏州生活。
1950	父母受聘于上海东亚体育专科学校,举家由苏州迁到上海,入读上海高安路第一小学。
1951	东亚体育专科学校并入新成立的华东师范大学,全家搬至上海中山北路新校址所在地居住。
1952	随父母迁至圣约翰大学校园居住,入读梵皇渡路第二小学。 和母亲一起跟苏联舞蹈家学习芭蕾,并专门请专业老师教授钢琴。 在常规学习之外,父亲教刘小晴读《古文观止》,并教习作诗、练字。
1956.7	上海和平中学初中毕业。
1956.9	入读同济中学(高中)。
1957	"反右斗争"开始,父亲刘汉明、大哥刘明义先后被划为"右派",正在高中求学的刘小晴,家境一落千丈,被迫中断所有艺术学习。
1959—1962	在同济高中就读,毕业后,因体检不合格及"右派"父亲的关系,被大学拒之门外,无业。
1963	21 岁,在大哥的帮助下,结识著名书画家钱瘦铁先生,并拜钱瘦铁门下学书画,从此与中国书画艺术结下不解之缘。
1963—1968	入上海宝山人民医院中医带徒班学中医,学习中医经典之余,对钱瘦铁先生所藏书法理论书籍产生浓厚兴趣,并以读碑帖为乐。
1967.12	恩师钱瘦铁去世,开始一段自我领悟书法的岁月。
1968	"文革"抄家中,家中所藏名家字画、珍贵碑帖被付之一炬,仅存褚遂良《房梁公碑》和《伊阙佛龛碑》,大痛。
1968.7	毕业分配至上海市宝山县刘行卫生院任"赤脚医生"。业余时间苦中作乐,研习书法碑帖。
1973	结识书法大家胡问遂,获得胡先生指点,并接受胡先生"在楷书上狠下功夫"的建议,从此在楷书创作道路上,孜孜精研。
1974.3	书写的行书书法作品在中国政府部门主办的综合性外文期刊《人民中国》刊载,这是他首次在大型综合性刊物上发表作品,深受鼓舞。

1978	利用业余时间,开始在大中小学教授书法。书法教育事业一直延续至今。
1979	所书的小楷作品由少年儿童出版社出版,书名为《少年儿童模范字帖·毛笔小楷》,这是刘小晴的第一本公开出版物。
1979.10	成为上海书法家协会会员。
1980	报考上海中医学院研究生班,因各种因素,落榜。同年,在宝山县领导协调下,调入五角场医院工作。
1981.3	所书《少年小楷字帖》古诗五言绝句四十首,由少年儿童出版社出版发行。该字帖一时成为少年书法爱好者的案头必备书。
1981	书法作品入选全国职工书展,赴山西书展参加开幕式。
1982	刘汉明、刘小晴父子双双加入中国共产党,成为光荣的中共党员。结识书画大家应野平,并拜为师。
1983	再次报考上海中医学院书法研究生班,被正式录取。
1984	调入上海书画出版社,任《书法》杂志编辑,从此踏上了书法专业道路。
1984.3	任上海市青少年业余美术学校书法老师。
1984.4	任宝山区政协委员。
1985.10	上海中医学院书法研究生班(第四届)结业。
1986.5	编著的20万字《书法技法述要》,在上海书画出版社出版,供不应求,重印十多次,获全国图书出版界最高荣誉——"金钥匙奖"。这也是刘小晴第一部正式出版的书法理论著作。
1986.9	所书《小学生字帖》(小楷部分),由上海书画出版社出版。该字帖成为上海小学书法教育必备字帖。
1986.12	出版《岳阳楼记》《赤壁赋》《洛神赋》等多种楷书字帖。
1987	所书《岳飞诗词行草字帖》出版。
1988.6	著作《广告设计用楷书体字典》由香港万里书店出版。
1988	任上海书画出版社《书法》杂志副主编。
1989	被沪上多所艺术类学校、高校艺术类专业聘任为教授、兼职教授。
1989.8	书法作品入选第四届全国书法篆刻展。山水画入选第四届全国画展。
1991.5	被聘为上海沪东画院副院长
1991.6	所著《中国书学技法评注》由上海书画出版社出版,此书再次摘得中国图书出版界最高奖项——"金钥匙奖"。再版多次,至今畅销不衰。是近二十年里中国书法理论界最具广泛、深入影响力的理论专著之一。

后书中内容被日本书学专业刊物《书苑》连续大篇幅连载。2013 年《中国书学技法评注》参加"2006—2013 年上海市百部成人教育优秀培训教材和读本"评选,被评为优秀教材。

1991.9　　所著《书法艺术的创作与欣赏》由上海人民出版社出版发行。该书从中国哲学与美学两个方面,介绍中国历代书法家如何受儒家与道家思想影响,将"中和"和"自然"之美,表现在书法创作与品评中。

1991.9　　编著 20 万字《行书基础知识》,由上海书画出版社出版发行。

1991.10　所著《十大书法家》(柳公权部分),由上海古籍出版社出版发行。

1992.4　　所著 20 万字《小楷技法指南》,由上海书店出版社出版发行。

1993　　　在上海师范大学继续教育学院闸北分部教授"美术学"中国书画部分。

1993.10　父亲刘汉明、母亲丁景清双双获得国务院颁发的荣誉证书,享受政府特殊津贴。

　　　　　被聘为上海大学文学院兼职教授。

1994.3　　所撰《3500 常用字索查字帖》(颜体)由上海交通大学出版社出版。

　　　　　秋,与日本大书家今井凌雪在上海相识,并深入交流。受邀为日本书学爱好者讲学。

1995　　　受日本书法同道邀请,赴日本奈良访问,与日本书法研究组织"雪心会"人员切磋交流书法技艺和理论。

1995.1　　任上海书画出版社副编审。同年,加入中国书法家协会。

1995.4　　为龙华烈士陵园书写楷书墓碑,并因此获荣誉证书。

1995　　　父亲去世。

1996　　　母亲去世。

1996.1　　任上海中国书画函授学院书法专业教授。

1996.7　　《3500 常用字索查字帖》(颜体)获上海交通大学出版社第一届优秀图书奖。

1996.8　　编著《海上当代书法作品集》(作品选刊),由上海书画出版社出版发行。

1996.9　　所撰《浅论审美标准的基本框架》由《书法报》入选中国书法批评年会。

1997　　　为上海文庙大成殿改建,用正楷书写《论语》16500 多字,这些字被刻于108 块高 2 米、宽 32.4 米的大青石上,在文化旅游景点使用全刻本《论语》碑刻在全国尚属首次。后由上海文庙管理处组织出版《论语楷书字帖》一书。

1997.7　　《刘小晴楷书豫园诗存》(石印本),由上海豫园管理处编发,成为上海地域文化和旅游文化的一大亮色。

1998.1	发表《清代进士书法与馆阁体》一文,登载于日本《书苑》杂志特辑;编著《历代名句六体字帖》,由上海书画出版社出版发行。
1998.4	与任政、钱沛云合著的《楷书行书自修》,由上海书画出版社出版发行。
1998.6	受上海市政府委托,现场挥毫"积健为雄"行书条幅,赠予到访的时任美国总统克林顿。
1998.9	被选举为上海市书法家协会理事。
1999.2	在送别胡问遂先生的仪式上,写长联送别先生:"帖融碑碑融帖,从碑帖里融铸铁骨,久而领其旨趣,吸其元神,喜酿出十分好字,绝妙文章满纸清霜,一身正气贯日月;人磨墨墨磨人,于磨墨中磨练人生,故而诚以待人,严以律己,且赢得两袖清风,数架诗书几卷残稿,三千桃李竞芬芳。"
1999.6	作品入选中国美术馆举办的"纪念孔子诞辰 2550 周年全国美术作品展"。
1999.7	所书《颜体学生字帖》(附光盘),由上海书画出版社出版。这是较早除字帖外,附有教学光盘的实用艺术图书,受到颜体书法爱好者的追捧。
1999.9	《楷书九成宫醴泉铭临写法》(与胡传海合著),由上海书画出版社出版发行。
1999.12	书法作品入展全国第七届书法篆刻展。
2000.8	所著《简体楷书书写秘诀》由上海书画出版社出版。
2000.10	被中国书画函授大学评为先进教育工作者。
2000.12	所书《3500 字繁简楷书常用字帖》由上海书画出版社出版发行。
2000.12	受聘为无锡市至美文化艺术学校名誉校长。
2001.7	任上海中国书画专修学院副院长、上海师范大学闸北教学点副主任。
2001.12	《刘小晴教楷书》(附 VCD),由上海人民美术出版社出版发行。
2002.1	被聘为中国书法家协会书法培训中心教授。
2002.6	《刘小晴小楷历代名赋集》由上海书画出版社出版发行。书中收录了作者 6 年内精心书写创作的 15 件小楷作品。
2002.9	被委任为上海杨浦画院院长。同月,出访加拿大、美国,交流中国书画艺术,在洛杉矶举办"刘小晴书画展"。获美国"中华艺术学会贡献奖"。
2002.10	中国书画函授大学授予其"先进教育工作者"称号。
2002.11	受聘为鲁迅美术学院中国画系特聘教授。
2003.1	编著《八体书唐宋诗字帖》(简体楷书部分)、《八体书楹联字帖》(简体楷书部分)、《八体书唐宋词字帖》(简体楷书部分)、《八体书格言字帖》(简体楷书部分),由上海书画出版社出版发行。

2003.9	被聘为上海师范大学夜大学兼职教授。
2003.11	被聘为上海文史馆馆员。
2003.12	《刘小晴楷书滕王阁序》由上海书画出版社出版发行。同月,被聘为上海书画院特聘画师。
2004.1	被聘为上海宝山画院艺术顾问。
2004.6	7万字的《楷书十讲》(合著),由上海书画出版社出版发行。同月,书法作品参加由上海市文联和上海书画院举办的庆祝上海解放55周年作品展。
	为云南楚雄福塔书写长3.3米、宽1.4米的巨幅《楚雄福塔记》,宣传源远流长、博大精深的中华福文化。
2004.8	作品被毛主席纪念堂管理局收藏。
	所书《历代小楷通临》,由上海书画出版社出版发行。
2005.5	所著《刘小晴小楷唐宋词一百首》,由上海古籍出版社出版发行。
2005.11	任上海市书法家协会副主席。
2005.12	书法作品在台湾新竹参加上海市文史馆馆员书展联展。
2006.1	任上海闸北区书协顾问。
2006.8	《刘小晴书法作品集》由上海文史馆出版。
2006.11	荣获闸北区民办非学历教育机构办学先进个人。
2006.12	作品《一瓢书两由斋诗词小楷字帖》,由上海书画出版社出版发行。
2007.7	被评为上海书画出版社年度优秀共产党员。
2007.8	《刘小晴楷书洛神赋》由东方出版中心出版发行。
	《刘小晴行书卷》由东方出版中心出版发行。
2007.11	任上海宝山区书法家协会艺术顾问。
2007.12	《楷书前后出师表》由上海书画出版社出版发行。
	收到归国华侨联合会、华侨事业发展基金会为其慷慨捐赠颁发的荣誉证书。
2008	年内多次向上海市红十字会、上海市慈善基金会等多个机构,捐资或捐赠大量书法作品,并大多用于抗震救灾。
2008.1	获中国书协"中国书法家进万家"先进个人称号。
2008.5	缴纳一次性特殊党费,用于四川汶川地震救灾工作。
2008.8	编著《上海出版人书画作品集》(作品选刊),由上海书画出版社出版发行。
2008.9	获上海市总工会"东宫之友"荣誉称号。

2008.12	任第二届全国大学生书展评委。
	《读帖赏诗——刘小晴楷书五言诗》《读帖赏诗——刘小晴楷书七言诗》由上海书画出版社出版发行。
2009	年内多次向包括残联、上海市慈善基金会等各类公益机构捐资、捐作品,用于扶贫帮困。
2009.5	被聘为上海书画专修学院院长。
2009.6	个人事迹入选上海市委宣传部组织的"城市魂·群英谱——纪念上海解放60周年"主题展。
	参加由上海市精神文明办、文联、美协、书协举办的"精彩世博,文明先行,上海著名书画家迎世博邀请展"。
2009.10	被聘为上海海事大学徐悲鸿艺术学院特聘教授。
2010	年内再次向上海市慈善基金会及其他公益机构捐作品。
2010.4	赴云南红河、老君山等地交流。
2010.5	《应野平诗词小晴手抄本》由上海教育出版社出版发行。
2010.8	《刘小晴小楷道德经》由上海书画出版社出版。
2010.10	任上海市书法家协会顾问。
	受中国书协特邀,参加全国第三届扇面书法艺术展,作品被组委会收藏。
2011.1	获上海市书法家协会2010年度"书法教育杰出贡献奖"。
2011.5	《革命胜景图册》(与乐震文书画合册),由东方出版中心出版。
2011.6	与画家乐震文联手展出《历史的转折——乐震文、刘小晴革命胜景书画展》。
2011.7	赴甘肃交流。同月,获上海市慈善基金会杨浦分会"慈善大使"称号。
2011.9	刘小晴书法教育成果展成功举办,展出的作品除20余件刘小晴本人书法作品外,还有150余件各个时期的学生作品,精彩纷呈,引人瞩目。与此同时,《刘小晴书法教育成果展荟要》问世。
2011.12	收到上海市慈善基金会"捐赠人民币10万元"证书。
	参与"上海市第十八届'蓝天下的至爱'慈善系列活动",一次性捐赠15幅书画作品参与义拍义卖。
2011.12	由上海市杨浦区文联牵头出版的《杨浦文化名人风采录》刘小晴专辑出版。
2012年起	在上海师范大学美术学院代教书法篆刻方向研究生课程。
2012.2	《刘小晴小楷华严经》由上海书画出版社出版。

2012. 4	随上海文史馆馆员赴秘鲁、智利等南美国家访问交流。
2012. 5	向上海市慈善基金会捐赠书画作品。
2012. 7	参与中华社会救助基金会组织的"善行天下——中国当代书画名家救助贫困儿童展暨慈善拍卖会"公益项目,捐赠书画作品。
	书法作品参加"和美西藏"美术作品欧洲巡展。
	《刘小晴行楷宋庆龄纪念孙中山文摘》由宋庆龄故居纪念馆编,上海书画出版社出版发行。
2012. 8	在上海展览中心与周慧珺、章汝奭、周志高、戴小京等共同举办"花好月圆·上海名家花鸟展",《花好月圆——花的诗·书·画艺术》(作品选刊)同时由上海文艺出版社出版发行。
	担任《新民晚报》"夜光杯"全国书画大赛特邀评委。
2012. 9	《凝心聚力——长宁区喜迎中共十八大书画作品集》由上海人民美术出版社出版。
	赴德国、丹麦、挪威等地,并在当地参与书画作品展。
	通过美国盖茨基金会向比尔·盖茨赠送所书条幅"大爱无疆"。
2012. 11	"刘小晴书法作品展"在上海黄浦区举办。
	被鲁迅美术学院聘为中国画系特聘教授。
2013. 5	在上海文史馆的组织下,赴河南开封等地交流。月底,又赴澳大利亚、新西兰等地访问交流。
2013. 6	任上海书画出版社《书法指导练习》编委。
2013. 8	所著《书法十讲》《楷书十讲》由上海书画出版社出版发行。
2013. 10	被上海市成人教育协会评为"上海市成人教育优秀教师"。
2013. 11	被聘为费新我艺术馆艺术顾问。
	获上海市成人教育协会"上海百名成人教育优秀教师"称号。著述《中国书学技法评注》在"2006—2013年上海市百部(本)成人教育优秀培训教材和读本"评选活动中,被评为"优秀教材"。
2014 年起	"刘小晴书法创研室"成立(2018年底改为"刘小晴书法工作室")。
2014. 3	刘小晴楷书《港珠湾山庄记》由上海书画出版社出版发行。
2014. 5	赴德国访问。
2014. 8	所著《图说小楷技法》《图说书法技法》由上海书画出版社出版。
2014. 9	任上海市杨浦区文联名誉主席。
	书法作品被中央文史研究馆永久收藏。
2014. 10	《刘小晴楷书明止堂藏砖记》由上海书画出版社出版。

2014.12	被聘为浙江南浔花园名誉院长。
2015.4	海上兰亭书法院揭牌,任院长。书法院成立后,举办全国性的书法大赛,个人出资奖励获奖者。
2015.6	被聘为清墨礁书画社顾问。
2015.10	赴香港交流。
2015.12	小楷《滕王阁序》由上海书画出版社出版。
	在杨浦区捐资设立"刘小晴奖学金",每年评选两次,12月向首次获得奖项的三所学校学生颁发奖学金,共计6万元。
	"刘小晴楷书展"在朵云轩隆重开幕,观展者空前,"刘小晴楷书研讨会"12月25日于开幕当日同时举行。
2016.1	《刘小晴楷书习作集》出版。
	受聘为上海八埭头书画院终身荣誉院长。
	在上海图书馆举办"与古为徒——我的书法人生"讲座。
2016.2—3	"刘小晴楷书展"移师复旦大学、上海崇明等地续展,观展者众。
2016.5	赴日本交流。
2017.8	农历七夕节,参加上海市文联和虹口区委宣传部主办、书协组织的"上海书法名家书写结婚纪念证书"活动,为八对新人手写"婚书"。
	特聘为上海中国书画专修学院院长。
2018.1	和诸多书法家一起,参加上海书协组织承办的"春联大会",现场为市民书写春联。
2018.9	为家乡崇明岛成陆1400年书写"崇明成陆1400年记碑"。
2018.12	捐资500万元,成立刘小晴艺术基金,用于扶贫帮困,支持有困难的艺术家,培养书法人才。
2019.1	出席由市文联主办的第二届"上海春联大会",现场书写"岁畅春和"。
2019.4	远赴红河州元阳、石屏、屏边、泸西四地,见证捐赠项目落地实施。有60位中学生、24位当地大学生受助。6月,追加捐赠,与好友、书法家戴小京一起,为云南元阳某小学援建操场。
2019.9	举办"庆祝新中国成立70周年刘小晴书法作品社区巡展",并在现场举行书法讲座,讲座进行互联网直播,瞬时观众达5万。与此同时,对巡展作品进行义卖,所得资金全部用来资助云南省石屏县贫困学生。
2020.2	新冠病毒肆虐之际,会同上海书法家协会的二十几位艺术家,向上海市慈善基金会义捐作品。

后　记

　　在键盘上敲上"后记"两个字的时候,我的内心,满是歉疚。这部书稿延宕多久了? 两年、三年? 恐怕,对一部并不十分复杂的传记来讲,这样长的书稿交付时间,堪比蜗牛爬坡。甚或,若说这是对传记主人的怠慢,我也接受。是的,我就是那个令人汗颜的重度拖延症患者——从 2013 年接手写作,原定两年后出版至今,我欠了读者和刘小晴先生至少有 5 个年头了!

　　然而我知道,刘小晴先生其实并不想出版这所谓的"艺术传记"。犹记 6 年多前,我接下写作任务,第一次拜访他,同行者与他颇有渊源,劝说中,他还是赧然着推辞又推辞。再后来,几经接洽,出于对丛书组织方的情谊,也因了他一向不擅拂逆人情之善,虽不甚情愿,在看了我写的部分文稿后,最终接受了写作建议。

　　我的采访,都在他的书房进行。在一张铺了厚厚毛毡,毛毡上满是斑驳墨渍的长条书桌旁,我们面对面坐定,他总是先给我沏一杯上好的绿茶,透明的杯中细嫩的茶叶沉沉浮浮,在墨香氤氲、茶气弥散间,我问他答,简洁明了。

　　熟悉了以后,我们的谈话便如聊天。他常常衔一支香烟,回忆往昔。课堂上侃侃而谈的他,平素不善言,无论跟谁,都不会客套、粉饰,也从没有记录过往事件、保留昔日资料或照片的习惯。我的写作需要细节,于是难免刨根问底,可他,总有法子对无关书法的事避而不谈,对我探寻公益慈善捐款诸事,一笑而过,或者干脆缄默以对。

　　我在工作之余的采访,往往和先生的有暇时间对不上"表",无论从住址还是从单位赶到浦东高行他的家,都颇为不便。先生知道后,多次诚恳地对我说:"我来找你!"只这四个字,足以见证他的为人。要知道,从浦东他家乘车到浦西市中心,得花两小时,他日常事务颇多,况且我还是他的晚辈!

　　这几年来,我的写作停停歇歇,多数时间都处于停滞状态,长时间不联系先生,他却从未询问过进度。而我对他做出的"承诺"却一推再推,先生反倒安慰我:"不急不急,不出版也不要紧,本来就没有什么值得写的……"

　　断断续续,我得了先生无数的"好"处,书法知识撇开不说,他送我的书法著作、字帖,每次都拎得我手臂酸痛。另一些点点滴滴,常常让我觉得他更像是我的长辈。有一阵子我颈椎病发作得厉害,他示范我做中医保健操,至今很是受用。一次,他吃到一款四川白菜腐乳,说味道很特别,非要塞几包给我也尝尝……

　　让我感受最深的是他对书法的热爱,专一、专注。业精于勤,生命里的每一天,他都会从书写开始,心无旁骛,从不止息。那种爱恋,深入骨髓。浮躁社会里的普通人,如我这般,何止感慨! 我对写作的懒散,对照他的专注、坚持,真是无地自容。

采访他的学生、同事、朋友的过程,也颇为愉快。每每介绍自己为写作刘小晴传记而征询,以为接到诈骗电话的那头,声音马上就热情温和起来。采访中,评论他"是大好人、做了很多善事、非常勤勉、太值得写了"之类的话,不绝于耳。听闻最多的,是受惠于他、感念于他的敬佩之辞。

刘小晴先生的学生中,不乏舞文弄墨者,想著书介绍他书法成就和经验的,有好几位。我非他的学生,亦非研习书法人士,担传记写作之任是我之幸,亦让我有写不到位的惶恐。在刘先生长长的、长长的书法人生中,我只是管中窥豹,他的仁爱情怀、士人姿态和书法风骨,在这一窥中,使我折服。在书稿即将付梓之时,想到我的描摹定然不及原貌更鲜活、真切,定然有未能深入的林林总总,心下不免忐忑。欢迎了解先生的诸君,给予批评指正。

本书的采访写作,得到了各方的支持帮助,在传记正文里,关于这些友好,多有提及,却也有很多幕后推手未能一一呈现,包括上海市文联几任领导、上海文化出版社编辑团队,以及上海文学艺术院的编审老师和已经因病匆匆离去的我尊敬的刘绪源老师,在此一并诚挚致谢!

写到这里,我突然一惊。这数年的时间,白驹过隙般"嗖"地就过去了,世界日复一日看似平静庸常,但生命萌发生长,衰老凋敝,其实一刻也没有停止驿动。时间的魔镜,历久之后,更能照见真人真理。

在新冠病毒扰攘全球的当下,我相信刘小晴先生推崇和笃信的中华传统文化中,那些中庸、仁爱、气脉、风骨等精神,正是我们民族战而能胜的精神网格线之一。

站在临近八十岁的生命轴线上,刘小晴已经书写出了让人叹服的人生楷书。显然,一切还在继续,一切如此让人期待。

2020 年庚子之春